Administración Estratégica y Gobierno de Tecnologías de Información

Dr. Macedonio Alanís

Tecnológico de Monterrey

Imprint

Any Brand names and product names mentioned in this book are subject to trademark, Brand or patent protection and are trademarks or registered trademarks of their respective holders. The use of brand names, product names, common names, trade names, product descriptions, etc. even without a particular marking in this work is in no way to be construed to mean that such names may be regarded as unrestricted in respect of trademark and brand protection legislation and could thus be used by anyone.

Cover image photo by Thor Alvis on Unsplash

ISBN-13: 9798475090350

ASIN e-book: B09PJMMCPS

ASIN printed version: B09PHH9JZC

https://www.amazon.com/-/e/B08529L1PZ

alanis@tec.mx   maalanis@hotmail.com

Dedicatoria

Para Izela, porque en un mundo donde los mensajes tardaban dos semanas en llegar, no perdiste contacto.

Agradecimientos

Este libro es el producto de innumerables reuniones de trabajo para definir los temas de las materias a impartir a estudiantes de carreras profesionales que se planean especializar en áreas de tecnologías de información y ciencias computacionales. Muchos profesores y especialistas de diferentes campus del Tecnológico de Monterrey, colaboraron con ideas y contenidos que han hecho posible esta obra. A todos ellos, mi infinito agradecimiento y aprecio.

Particularmente quisiera agradecer la colaboración de los siguientes profesores: Gerardo Rafael Cervera Marín, Luis Ricardo Salgado Garza, Bernardo Charles Canales, Mario Lezama Zavariz, Juan José Ledezma Coronado, Omar Sánchez Cázares, y Miguel Ángel Fernández Medina por su trabajo en el diseño de la temática del libro.

Índice

Índice Extendido

Módulo I

Negocios y Estrategia

Capítulo 1

La Tecnología en la Estrategia de las Organizaciones

"Sin competidores no habría necesidad de estrategia, ya que el único propósito de la planeación estratégica es permitir que la empresa obtenga, de la manera más eficiente posible, una ventaja sostenible sobre sus competidores. La estrategia corporativa, por lo tanto, implica un intento de alterar, de la manera más eficiente, la fuerza de una empresa en relación con la de sus competidores."

Kenichi Ohmae, "The Mind of The Strategist: The Art of Japanese Business", 1991.

1.1.- Objetivos de aprendizaje

- Conocer la importancia de la administración estratégica de tecnologías de información.
- Apreciar el valor de la tecnología en las organizaciones.
- Identificar las estrategias competitivas.
- Conocer el modelo de fuerzas competitivas y cómo la tecnología puede influir en esas fuerzas.
- Definir la administración estratégica de tecnologías de información.

1.2.- El surgimiento de la administración estratégica de los sistemas de información

Hace no mucho tiempo, en una empresa local... no había computadoras, ni teléfonos inteligentes, tampoco sabían de Internet. Nadie tenía esas tecnologías. Se usaban teléfonos conectados a alambres, en lugares fijos; se consultaban datos en enciclopedias escritas en libros y guardadas en grandes bibliotecas. Se encendía la radio o la televisión para conocer las últimas noticias. Si alguien quería anunciar un compromiso matrimonial, la costumbre era pagar por un espacio en el periódico local para compartir la noticia.

De pronto comenzaron a aparecer equipos de cómputo entre las empresas de gran tamaño. No servían para muchas cosas, ni se usaban por la gente común, pero ahorraban algo de tiempo y dinero en ciertas actividades repetitivas.

Conforme las computadoras se volvían más comunes y accesibles, las empresas empezaron a ver que la tecnología podía ahorrar tanto dinero que resultaba no solo costeable, sino también conveniente, adquirir y aprovechar las capacidades del equipo de cómputo. Se crearon áreas nuevas en la organización para manejar estos equipos y se contrató a expertos en electrónica y matemáticas para operar estas computadoras.

Pronto resultó evidente que solo automatizar procesos ya no era suficiente. Las computadoras podían usarse para diferenciar una empresa de sus competidores. Podían representar una ventaja competitiva e incluso modificar el balance de fuerzas del mercado.

En ese momento el mundo cambió. Si la tecnología podía reconfigurar el mercado de un producto, las decisiones de qué hacer con la tecnología debían ser supervisadas por expertos en negocios con conocimiento de tecnología, o expertos en tecnología con conocimiento de negocios. Era necesario crear nuevas reglas y principios para operar estas innovaciones en ese contexto. Se había creado la administración estratégica de las tecnologías de información.

1.3.- El valor de la tecnología para las empresas

Una forma de apreciar cuánto valor aporta la tecnología a las organizaciones es viendo cuánto dinero están las empresas dispuestas a pagar por los avances tecnológicos. Si la tecnología es importante, los clientes estarán dispuestos a pagar por ella y el valor de mercado de las empresas proveedoras de tecnología sería alto.

El valor de una empresa se mide calculando la capitalización de mercado, es decir el valor que se obtendría si se vendieran todas las acciones de la empresa al precio del marcado actual. Este número es muy dinámico. Los precios de las acciones varían constantemente, pero en diciembre de 2021, ocho de las diez empresas con la capitalización de mercado más alta del mundo se dedican a tecnología. La tabla 1.1 muestra la lista.

4

Tabla 1.1.– Las empresas con mayor capitalización de mercado en febrero de 2025. Fuente: Companiesmarketcap.com

Lugar	Nombre	Capitalización de mercado	Precio por acción	País
1	Apple	$3.558 T	$ 236.87	EEUU
2	NVIDIA	$3.211 T	$ 131.14	EEUU
3	Microsoft	$3.030 T	$ 409.04	EEUU
4	Amazon	$2.426 T	$ 228.93	EEUU
5	Alphabet (Google)	$2.248 T	$ 185.43	EEUU
6	Meta Platforms	$1.837 T	$ 725.00	EEUU
7	Saudi Aramco	$1.794 T	$ 7.42	Arabia Saudita
8	Broadcom	$1.107 T	$ 236.35	EEUU
9	Tesla	$1.082 T	$ 336.51	EEUU
10	TSMC	$1.070 T	$ 206.38	Taiwan

De igual forma, al consultar la lista de las personas más ricas del planeta encontramos que siete de las diez personas más ricas del mundo hicieron su fortuna con tecnología. La tabla 1.2 muestra la lista según la revista Forbes en diciembre del 2021.

Tabla 1.2.- Lista de las personas más ricas del mundo en febrero de 2025. Fuente: Forbes

Lugar	Nombre	Fortuna	País	Empresa	Giro
1	Bernard Arnault & family	$233 B	Francia	LVMH	Moda y Retail
2	Elon Musk	$195 B	EEUU	Tesla, SpaceX	Automoviles y Tecnología
3	Jeff Bezos	$194 B	EEUU	Amazon	Tecnología
4	Mark Zukerberg	$177 B	EEUU	Facebook	Tecnología
5	Larry Ellison	$141 B	EEUU	Oracle	Tecnología
6	Warren Buffett	$133 B	EEUU	Berkshire Hathaway	Finanzas e Inversiones
7	Bill Gates	$128 B	EEUU	Microsoft	Tecnología
8	Steve Ballmer	$121 B	EEUU	Microsoft	Tecnología
9	Mukesh Ambani	$116 B	India	Varias	Diversificado
10	Larry Page	$114 B	EEUU	Google	Tecnología

1.4.- Estrategias competitivas

Una estrategia es la forma en la que una empresa trata de diferenciarse de sus competidores, usando sus fuerzas corporativas para satisfacer mejor las necesidades de sus clientes [Ohmae, 1991]. Hay tres estrategias competitivas genéricas:

1. Precios bajos

2. Diferenciación

3. Nicho de mercado

Usando la estrategia de precios bajos, una empresa busca que sus productos sean más baratos que los de sus competidores. Esto atrae a los clientes. El problema de esta estrategia es que, si consideramos que los costos de producción y operación son relativamente fijos, al reducir el precio de venta de una misma cantidad de productos se reducirían los ingresos y por lo tanto las ganancias. Esta estrategia funciona si la empresa puede producir y vender una mayor cantidad de productos manteniendo un costo razonable. Si se gana poco con cada venta, pero se vende mucho, al final las utilidades son mayores.

La estrategia de diferenciación consiste en cambiar algo en el producto, ya sea el empaque, el tamaño, la forma de entregarlo, etc. Ese cambio puede hacer que nuestro producto sea diferente ante los ojos de un usuario. Si el producto es diferente, el precio ya no es lo más importante. Una persona puede pagar más por básicamente el mismo producto, si este llega en el momento correcto o en una configuración que lo haga más útil. Un ejemplo serían los asientos de primera clase contra los asientos en clase turista en un vuelo comercial. Todos los pasajeros viajan en el mismo avión, a la misma hora y en la misma ruta. Todos reciben básicamente el mismo producto final (llegar a su destino) pero los pasajeros de primera clase pagas mucho más por un boleto. La diferencia está en el servicio que reciben a bordo del avión. Para muchos, esa diferencia hace que el costo adicional valga la pena.

La estrategia de nicho de mercado consiste en identificar un grupo de clientes que están obligados a comprar nuestro producto. Es decir, que no tienen opción. Si ese es el caso, el precio no es importante y el producto se puede vender a un precio mayor que en el mercado abierto. Por ejemplo, una bebida en un estadio de futbol durante un juego cuesta mucho más cara que la misma bebida comprada en un supermercado, pero el aficionado no tiene la opción de salir del estadio a comprar sus bebidas en otra parte.

Minicaso: Mismo asiento, dos precios diferentes

Muchas líneas aéreas proporcionan diferentes clases de servicio en los mismos vuelos. Un boleto en primera clase puede costar tres o hasta cinco veces más que un boleto en el mismo vuelo en clase turista. Es fácil ver porqué las personas pueden aceptar esta diferencia, hay asientos más grandes, mejores servicios abordo y se sube y baja del avión un poco más rápido.

Lo que poca gente puede apreciar es que en la cabina de clase turista, los pasajeros pueden estar pagando precios muy distintos por el mismo asiento y mismo nivel de servicio. Los sistemas de reservaciones automáticas ajustan el precio de cada boleto en base a la oferta y demanda que exista de espacios en esa ruta y a los otros componentes del viaje de un cliente.

Un pasajero que viaja de Monterrey a Dallas dentro de dos semanas en clase turista pagaría 800 dólares, mientras que si el vuelo es en un mes el precio a pagar hoy sería de 319 dólares.

De igual forma, si alguien quiere tomar dentro de dos semanas un vuelo a Miami y hace escala en Dallas, pagaría por un asiento en el avión a Dallas más un asiento en el avión de Dallas a Miami un total de 752 dólares. El precio total es menor que si solo usara un asiento en el vuelo a Dallas.

Dos personas viajando en la misma ruta, el mismo tiempo y en el mismo nivel de servicio pueden estar pagando precios muy diferentes por sus asientos.

Fuente de los precios: Expedia.com

1.5.- ¿Cómo se define la competencia?

Tradicionalmente la fuerza de una empresa se medía por el crecimiento de su mercado y el porcentaje de ese mercado que controlaban. Sin embargo, todo cambió cuando el Prof. Michael Porter aclaró que hay una serie de fuerzas que tienen un efecto en los mercados y que controlando alguna de esas fuerzas se puede diferenciar a la empresa o cambiar las reglas del juego en un mercado completo [Porter y Millard, 1985].

Porter indica que el poder de una empresa se puede medir por cinco fuerzas que él llamó el modelo de fuerzas competitivas. El poder de mercado no es medido solamente por la rivalidad entre los competidores actuales, sino también por la posibilidad de que entre al mercado un nuevo competidor que cambie el balance de fuerzas con los clientes, o que aparezca un producto substituto, que haga que la gente deje de adquirir el nuestro. Otras fuerzas que determinan el poder para competir es la relación con los clientes y con los proveedores.

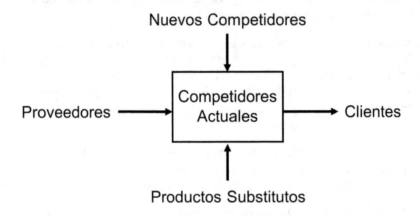

Figura 1.1.- Modelo de Fuerzas Competitivas de Porter [Porter 1980]

1.6.- El papel de la tecnología de información en la competitividad

Tan pronto como Porter publicó su modelo de fuerzas competitivas, quedó claro que había instancias donde la tecnología de información puede ayudar a una empresa a acercarse a sus clientes o proveedores, o a bloquear nuevos entrantes o productos substitutos. Por ejemplo, American Airlines construyó un sistema de reservaciones aéreas que permitía a un agente de viajes ver todos los vuelos y tarifas disponibles entre dos puntos y permitía proponer al cliente diferentes planes de vuelo. Esto representó un aumento en ventas de vuelos de la aerolínea al cambiar la relación con sus clientes y otorgó a American Airlines una ventaja. Adicionalmente, dado el nivel de inversión requerido para construir un sistema como el de reservaciones, era uy complicado que entraran nuevos competidores a ese mercado a menos que tuvieran recursos substanciales. American Airlines había obtenido una ventaja en su mercado gracias a un desarrollo tecnológico.

Minicaso: El Mercado mundial de relojes

Por muchos años, los relojes suizos eran reconocidos mundialmente por su precisión y calidad. Tener un reloj suizo era símbolo de estatus. Marcas como Swatch, Tissot, TAG Heuer y Omega eran altamente apreciadas por los consumidores. Algunas personas equiparan un reloj suizo con una apreciada joya como serían los relojes de marcas como Rolex o Patek Philippe.

La industria relojera suiza ha recibido embates de diferentes direcciones: relojes baratos producidos en oriente, relojes digitales, hasta los teléfonos celulares compiten en cierto modo con los relojes de pulsera. Pero uno de los mayores ataques inició en septiembre del 2014 cuando Apple anuncia el iWatch, un reloj de pulsera que además se conecta al teléfono y permite acceso a innumerables funciones.

El iWatch tuvo tal nivel de aceptación que en 2019 se vendieron 30.7 millones de relojes Apple, muchos más que los 21.1 millones de relojes que vendieron todas las marcas suizas juntas.

Fuente: [Kharpal, 2020; Montredo, 2019; Apple Insider, 2021]

Warren McFarlan [1984] publicó una lista de preguntas que se debe hacer en una industria para identificar si la tecnología puede proporcionar una ventaja competitiva:

- ¿Puede la tecnología cambiar el balance de poder entre la empresa y sus clientes o proveedores?

- ¿Puede la tecnología crear barreras que hagan más difícil entrar al mercado?

- ¿Puede la tecnología reducir los costos de producción o cambiar las reglas de competencia?

Si la respuesta a cualquiera de estas preguntas es afirmativa, entonces la tecnología tiene el potencial para convertirse en una herramienta de competitividad y la decisión de adoptarla no es una decisión técnica, es una decisión de estrategia. La pregunta es: ¿está la empresa lista para cambiar las reglas del mercado y salir avante? Esto logró que la tecnología dejara de verse como un asunto meramente operativo y se convirtiera en un asunto de estrategia de alto nivel.

Otros casos donde la tecnología ha cambiado los mercados son con el comercio electrónico. Empresas como Airbnb, Uber, Amazon y Netflix han cambiado el balance de poderes en sus mercados y han ocasionado que competidores tradicionales, que estaban firmemente colocados en sus mercados hayan enfrentado nuevos retos e incluso cerrado al no poder competir bajo las nuevas reglas.

Minicaso: "No se pierda nuestro siguiente capítulo, a la misma hora y por este mismo canal"

En los albores de las series televisadas, era casi obligatorio escuchar la frase "no se pierda nuestro siguiente episodio…" La gente sintonizaba las estaciones de televisión, semana tras semana, a la misma hora, para ver un capítulo de su serie favorita.

Hoy es difícil encontrar series en los canales de televisión abierta, y es más difícil encontrar alguien dispuesto a esperar una semana para ver el capítulo siguiente. Estamos acostumbrados a "maratonear" las series; ver los dieciséis capítulos de una temporada juntos en un solo fin de semana.

Estos cambios en el mercado fueron posibles gracias a empresas de contenido como Netflix, Amazon Prime Video, HBO Go, o Claro video; y a tecnologías como el streaming, que envía contenidos de vídeo y audio a un dispositivo conectado a Internet, ya sea una televisión, tableta, o teléfono inteligente.

Fuente: Avast, Selectra [2021]

1.7.- Componentes de las soluciones tecnológicas

Al hablar de tecnología, muchas personas piensan simplemente en equipo de cómputo. Sin embargo, la definición más amplia de tecnologías de información combina las arquitecturas, herramientas, bases de datos, herramientas analíticas, aplicaciones y metodologías necesarias para tomar decisiones y operar una organización. Esta definición es consistente con la definición clásica de sistema de información que indica que:

Un sistema de información es un sistema integrado usuario-máquina para proveer información que apoya las operaciones, la administración, y las funciones de toma de decisiones en una organización. El sistema utiliza equipo de cómputo y software; procedimientos manuales; modelos para el análisis, la planeación, el control y la toma de decisiones; y una base de datos. [Davis & Olson, 1985]

Separando la definición en sus partes encontramos que:

Un sistema de información es:

- Un sistema integrado usuario-máquina

- Para proveer información

- Que apoya las operaciones, la administración, y las funciones de toma de decisiones

- En una organización

El sistema utiliza:

- Equipo de cómputo y software

- Procedimientos manuales

- Modelos para el análisis, la planeación, el control y la toma de decisiones

- Una base de datos

La parte de sistema integrado significa que no es un solo componente, los datos se reciben de muchas fuentes y se involucran diferentes áreas. Al decir que es usuario-máquina se refiere a que el sistema produce información para personas y las personas están involucradas en el proceso.

El objetivo de un sistema de información es apoyar las funciones y decisiones de la organización. La mayoría de las empresas no tienen por objetivo el tener sistemas de información. Los utilizan porque les ayuda a operar, administrar o tomar mejores decisiones. Por lo tanto, los sistemas de información ayudan a las empresas a cumplir sus objetivos.

La segunda parte de la definición habla de los componentes. Una computadora (hardware) sola no sirve para nada. Necesita programas (software) para operar. Pero el sistema no es solamente el equipo y programas de cómputo. Requiere también procedimientos manuales que ocurren antes, durante y después del procesamiento. La figura 1.1 ilustra los componentes de un sistema de información.

En esta definición se aprecia que un sistema de información no consiste de solo un componente. Desde el punto de vista funcional, se aprecian tres subsistemas básicos: el subsistema de datos, el subsistema de análisis, y el usuario. El primer elemento reúne y prepara datos de diferentes fuentes. El segundo procesa los datos convirtiéndolos en información útil que es recibida por el tercer componente, el usuario, que es quien aprovecha los resultados para que generen valor para la organización.

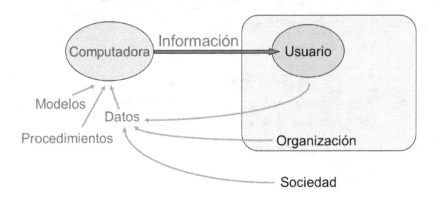

Figura 1.2.- Componentes de un sistema de información

Para tomar decisiones, operar y administrar una empresa, se requiere información. La información proviene tanto de fuentes externas, como de fuentes internas a la organización. En una empresa, no existe un único sistema de información de dónde obtener todos los datos. En realidad, los datos provienen de varios sistemas diferentes. Las computadoras pueden ayudar en la operación de la empresa, manejo de inventarios, ventas, control administrativo e incluso en la contabilidad del negocio. Muchas veces esto se logra usando sistemas independientes, y todos ellos son fuente de datos para las decisiones del negocio.

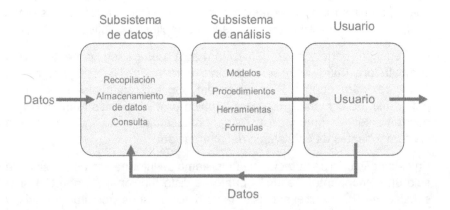

Figura 1.3.- Componentes funcionales de un sistema de inteligencia de negocios

1.8.- Administración estratégica de tecnología de información

La administración estratégica de tecnologías de información consiste en la definición de las arquitecturas, herramientas, bases de datos, herramientas analíticas, aplicaciones y metodologías necesarias para que la empresa alcance sus metas y se mantenga competitiva en un mercado cambiante y globalizado.

Figura 1.4.- Disciplinas involucradas con la planeación estratégica de tecnologías

Definir las arquitecturas, herramientas, bases de datos, herramientas analíticas, aplicaciones y metodologías necesarias para que la empresa alcance sus metas y se mantenga competitiva en un mercado cambiante y globalizado, requiere de conocimientos en tecnologías de información, y negocios, además de conocimiento de la forma de planear organizar, operar y adaptar las tecnologías disponibles en la empresa.

El objetivo de este libro es discutir la razón por la que la tecnología es tan importante, e incluso estratégica, para un negocio; presentar técnicas, estándares y mejores prácticas para administrar los elementos y procesos de tecnología de información en la organización; analizar el valor que proporciona a la empresa; y discutir elementos del perfil del responsable de dirigir el área de tecnología.

El libro se divide en cinco módulos. El primero analiza el valor de la tecnología en los negocios y los componentes de la arquitectura tecnológica empresarial. El segundo módulo discute la forma en la que se asegura que la tecnología se aproveche en la empresa y entregue el valor esperado por los inversionistas. El módulo tres se enfoca en la forma en la que se opera un área de tecnología de información en una organización. El cuarto módulo habla de la entrega de servicios, componentes y la relación con los proveedores de tecnología. Finalmente, el módulo cinco discute algunas habilidades críticas que debe poseer el responsable del manejo del área de tecnologías en la empresa, en adición a sus habilidades tecnológicas y administrativas.

1.9.- Resumen

- Si la tecnología podía reconfigurar el mercado de un producto, era necesario crear nuevas reglas y principios para operar estas innovaciones. Se había creado la administración estratégica de las tecnologías de información.

- Hay tres estrategias competitivas genéricas: precios bajos, diferenciación, y nicho de mercado.

- El modelo de fuerzas competitivas indica que el poder de mercado no es medido solamente por la rivalidad entre los competidores actuales, sino también por la posibilidad de que entre al mercado un nuevo competidor, un producto substituto, o un cambio del balance de poder con clientes o proveedores.

- SI la tecnología puede influir en las fuerzas competitivas, entonces tiene el potencial para convertirse en una herramienta de competitividad.

- La administración estratégica de tecnologías de información consiste en la definición de las arquitecturas, herramientas, bases de datos, herramientas analíticas, aplicaciones y metodologías necesarias para que la empresa alcance sus metas y se mantenga competitiva en un mercado cambiante y globalizado.

1.10.- Ejercicios de repaso

Preguntas

1. Define administración estratégica de tecnologías de información.
2. ¿Por qué el valor de mercado de las empresas tecnológicas es tan alto?
3. ¿Cuáles son las tres estrategias competitivas genéricas?
4. ¿Cuáles son las cinco fuerzas del modelo de fuerzas competitivas?
5. ¿Cómo podemos saber en un mercado si la tecnología puede considerarse una herramienta para competir?
6. ¿Qué es un sistema de información?
7. ¿Cuáles son las disciplinas involucradas con la planeación estratégica de la tecnología?

Ejercicios

1. Encuentra una lista actualizada de las empresas con la mayor capitalización de mercado. ¿Qué cambió contra la lista que aparece en el libro? ¿Por qué?
2. Encuentra una lista actualizada de las personas más ricas del mundo. ¿Qué cambió contra la lista que aparece en el libro? ¿Por qué?
3. Identifica una empresa que compita por precio, otra que compita por diferenciación y una más que use nichos de mercado como estrategia.
4. Menciona dos empresas que ofrezcan productos similares, pero a diferentes precios. ¿Por qué hay esa diferencia?
5. Identifica las fuerzas competitivas, en el mercado de ventas al menudeo, que puede afectar el Internet, y explica cómo.
6. Menciona un mercado que haya cambiado por el uso de alguna tecnología diferente al Internet.

Capítulo 2

Componentes de la Estrategia Tecnológica

"Establezco estándares altos, pero no imposibles. Los míos se pueden lograr con el máximo esfuerzo."

Colin Powell, It Worked for Me, 2012.

2.1.- Objetivos de aprendizaje

- Entender los elementos que definen la estrategia empresarial.
- Saber en qué consiste la administración estratégica y cómo el balanced score card puede apoyar este proceso.
- Conocer el valor de la ejecución estratégica y entender las actividades que la definen.
- Saber qué es la administración de calidad y el papel que juega el estándar ISO 9001:2015 en este proceso.
- Conocer, en términos generales, qué es el gobierno corporativo de TI y cómo el estándar COBIT ayuda en su definición.
- Saber qué son los entregables y soporte tecnológico y el valor de ITIL en su definición.
- Conocer las etapas del proceso de implantación de TI y el valor de CMMI en este proceso.

2.2.- Áreas de la empresa relevantes para la administración estratégica de tecnología

Como se menciona en el capítulo anterior, La administración estratégica de tecnologías de información consiste en la definición de las arquitecturas, herramientas, bases de datos, herramientas analíticas, aplicaciones y metodologías necesarias para que la empresa alcance sus metas y se mantenga competitiva en un mercado cambiante y globalizado.

El objetivo más importante de la planeación de tecnología no es contar con tecnologías atractivas, ni siquiera es contar con las últimas tecnologías. El objetivo es contar con las tecnologías necesarias para que la empresa alcance sus objetivos.

Por ello, para definir la estrategia tecnológica, es importante entender los elementos que definen la estrategia empresarial. La figura 2.1 describe las áreas de administración de la empresa que son relevantes para la definición de la estrategia tecnológica.

Figura 2.1.- Áreas de administración de la empresa que son relevantes para la definición de la estrategia tecnológica [Lankhorst et al., 2009]

De la figura se desprende que hay áreas de administración general que tienen una influencia en las funciones y objetivos de las áreas de administración de tecnología: Administración estratégica, cuyo objetivo es definir la dirección que debe seguir la empresa y su estrategia competitiva; Ejecución de la estrategia, que se enfoca en la forma en la que las estrategias empresariales se ponen en marcha; y Administración de la calidad, que consiste en las actividades que se deben realizar para mantener los niveles de excelencia deseados por la empresa.

Adicionalmente, la administración de tecnología se puede clasificar en tres áreas que en términos generales se pueden organizar en Gobierno corporativo de TI, que define las estructuras organizacionales y de liderazgo que aseguran que los recursos de TI de la empresa puedan mantener y extender los objetivos estratégicos de la organización. Entregables y soporte tecnológico, que define los productos que debe entregar el área de tecnología para soportar las operaciones y planes de la empresa; e Implementación de TI, que se enfoca en las estrategias para la creación de las soluciones tecnológicas necesarias para la organización.

2.3.- Administración estratégica

La administración estratégica define la dirección que debe seguir la empresa y su estrategia competitiva. Responde a las preguntas ¿Qué debo hacer? y ¿Por qué es importante?

La administración estratégica es un tema que se ha tratado en los libros de negocios por muchos años. Dependiendo de a quién se consulte, puede haber diferentes definiciones formales de lo que significa.

Al tratar de definir administración estratégica, Nag, Hambrig y Chen [2007] analizaron las publicaciones de 57 autores y organizaron sus definiciones por campo de trabajo.

Desde el punto de vista de la administración, se encontraron tres definiciones formales de administración estratégica:

"Desarrollar una explicación del desempeño de la empresa mediante la comprensión de las funciones de los entornos externos e internos, el posicionamiento y la gestión dentro de estos entornos y la relación de las competencias y ventajas con las oportunidades dentro de los entornos externos.

La administración estratégica es el proceso de desarrollo de capacidades que permiten a una empresa crear valor para los clientes, los accionistas y la sociedad mientras opera en mercados competitivos.

El estudio de decisiones y acciones tomadas por altos ejecutivos / TMT para que las empresas sean competitivas en el mercado." [Nag Hambrig & Chen, 2007]

Michael Porter define estrategia como la fórmula general de cómo un negocio va a competir, sus objetivos, y las políticas necesarias para alcanzar esos objetivos. Habla tanto de os objetivos, como de los medios necesarios para alcanzarlos. Adicionalmente, indica que la estrategia relaciona una empresa con su medioambiente [Porter, 1980].

Una herramienta para apoyar a las organizaciones en la formulación de su estrategia es el Balanced Score Card (Cuadro de Mando Integral) creada por Robert Kaplan y David Norton [Kaplan & Norton, 1992], que permite estructurar los objetivos estratégicos de forma dinámica e integral para ponerlos a prueba según una serie de indicadores que evalúan el desempeño de todas las iniciativas y los proyectos necesarios para lograr su cumplimiento satisfactorio [Roncancio, 2018].

Tradicionalmente, las empresas basaban sus modelos estratégicos solamente en indicadores económicos. Kaplan y Norton explican que esa visión es insuficiente y argumentan que debe suplementarse con medidas de la satisfacción del cliente, procesos internos, y la habilidad de innovar.

La herramienta enfoca a la empresa desde cuatro perspectivas. La primera es la perspectiva del cliente que mide cómo la empresa se debe presentar ante el cliente con indicadores como la satisfacción del cliente. La segunda perspectiva es financiera, y se concentra en el valor creado por la empresa con indicadores como el valor para los accionistas. La perspectiva de procesos internos de negocios se enfoca en la efectividad y eficiencia de los procesos internos de la empresa. Por último, la perspectiva de aprendizaje y crecimiento mide la habilidad de la empresa y los individuos para cambiar y mejorar.

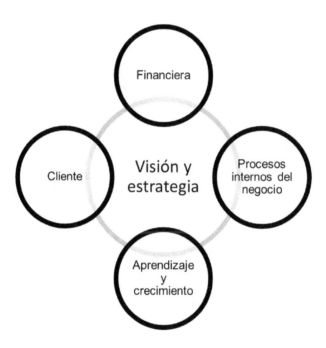

Figura 2.2.- Cuatro perspectivas del Balanced Score Card (Cuadro de Mando Integral)

2.4.- Ejecución de la estrategia

La ejecución de la estrategia se enfoca en la forma en la que las estrategias empresariales se ponen en marcha. En cierta forma, responde a la pregunta de ¿Cómo lo voy a hacer?

Normalmente al pedir una definición de ejecución de la estrategia, la gente dice que es la implementación correcta de un plan de negocios, o asegurarse que se ejecute la estrategia. Pero para entender la ejecución de la estrategia, es necesario conocer las actividades que esta implica.

La American Management Association lista diez actividades que definen la ejecución de la estrategia [Barrows, 2019]

1 - Visualizar la estrategia: Algunas veces ayuda el poder poner en una gráfica los elementos de la estrategia y cómo se interrelacionan. Esto se puede lograr con marcos de referencia como el Strategy Map de Kaplan y Norton [2004], el Activity Map de Michael Porter [1996], o el Success Map de Andy Neely [Neely, Adams, y Crowe, 2001].

2 – Medir la estrategia: Definir las mediciones de desempeño en un balanced score card

3 – Reportar avances: así como el presupuesto se monitorea mensualmente, las mediciones de estrategia se deben analizar para ver si se están obteniendo los resultados esperados

4 – Tomar decisiones: es importante mantener un ojo en el ambiente y corregir el rumbo si han cambiado las condiciones.

5 – Identificar los proyectos de la estrategia: una organización puede tener cientos de proyectos. El primer paso es listar y organizar todos los proyectos, particularmente aquellos que tienen mayor injerencia en la estrategia.

6 – Alinear los proyectos y la estrategia: una vez que se han identificado los proyectos, es importante que estos estén alineados con la estrategia de la organización. Solo aquellos proyectos que apoyen alguna estrategia organizacional deben recibir fondos y continuar.

7 – Administrar los proyectos: es importante desarrollar habilidades de administración de proyectos para asegurar su desarrollo correcto.

8 – Comunicar la estrategia: Se debe comunicar la estrategia a todo el personal para que sepan, no solo qué se debe hacer, sino también por qué es importante hacerlo.

9 – Alinear los roles individuales: Es importante que cada empleado puede definir cómo es que su rol individual contribuye al logro de los objetivos de la organización.

10 – Recompensar el desempeño: la frase "lo que se mide se mejora" se puede expandir a "lo que se mide y se recompensa se mejora más rápido".

2.5.- Administración de la calidad

Administración de la calidad consiste en las actividades que se deben realizar para mantener los niveles de excelencia deseados por la empresa. En este punto se responde a la pregunta de ¿Cómo me aseguro que se haga bien?

Un estándar que describe los criterios para una buena administración de la calidad es el ISO 9001. El estándar es aplicable a cualquier tamaño y giro de empresa [ISO, 2021]. El principio de calidad consiste en asegurar que los procesos estén bien definidos y documentados, que el personal de la empresa conozca y siga esos procesos, de tal forma que los resultados sean los mismos cada vez que se ejecuten. Adicionalmente, debe haber un mecanismo de mejora continua. De esta forma, siempre se aseguran resultados consistentes que eventualmente irían mejorando produciendo resultados de calidad.

ISO 9001 gira en torno a los cuatro pasos de mejora de calidad definidos por Deming [ASQ, 2021]: Planear, Hacer, Verificar, Actuar. Donde Planear se enfoca en definir los objetivos y procesos necesarios para cumplir las metas. Hacer consiste en implementar esos procesos. Verificar mide los resultados de los procesos ejecutados. Actuar toma acciones para corregir divergencias y mejorar continuamente el desempeño de los procesos.

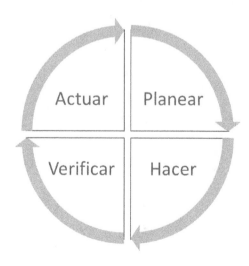

Figura 2.3.- Ciclo PHVA

La versión más reciente del estándar es llamada ISO 9001:2015 y consiste en diez cláusulas principales [Smart Business, 2021]

0. Introducción
1. Alcance
2. Referencias normativas
3. Términos y definiciones
4. Contexto de la organización
5. Liderazgo
6. Planeación
7. Soporte
8. Operación
9. Evaluación de desempeño
10. Mejora

La figura 2.4 muestra la relación entre las cláusulas de ISO 9001:2015 y las fases del ciclo PHVA.

Figura 2.4.- Relación entre las cláusulas de ISO 9001:2015 y el ciclo PHVA [Fuente: 9001Academy, 2021]

2.6.- Gobierno corporativo de TI

Gobierno Corporativo de TI consiste en las estructuras organizacionales y de liderazgo que aseguran que los recursos de TI de la empresa puedan mantener y extender los objetivos estratégicos de la organización. Desde el punto de vista del área de tecnologías de información de la empresa, el gobierno corporativo de TI responde a la pregunta de ¿qué quiero lograr? y ¿por qué?

Otra definición de Gobierno Corporativo de TI proviene de Peter Weill [2004], quien lo define como "...especificar los marcos de referencia para los derechos de decisión y responsabilidad que promuevan un comportamiento deseable en el uso de TI".

Combinando ambas definiciones se puede decir que: El Gobierno Corporativo de TI consiste en la definición de las estructuras y procesos organizacionales que aseguran que las funciones de TI en una empresa apoyen y extiendan los objetivos estratégicos de la organización, promoviendo el mejor aprovechamiento de las tecnologías para los fines que la empresa requiera.

Un estándar internacional para ayudar a las empresas a desarrollar, organizar e implementar las estrategias alrededor del gobierno corporativo de TI es COBIT (Control Objectives for Information and Related Technologies), un estándar desarrollado por ISACA en uso alrededor del mundo [White, 2019].

COBIT define una serie de procesos genéricos que pueden servir de modelo de referencia para la gestión de TI. Para cada recurso, define sus entradas, salidas, actividades clave, objetivos del proceso, medidas de desempeño y un modelo básico de madurez [ISACA, 2021]

El estándar define 34 procesos que cubren 210 objetivos de control, clasificados en cuatro dominios:

1. Planeación y Organización
2. Adquisición e Implantación
3. Entrega y Soporte
4. Supervisión y Evaluación

2.7.- Entregables y soporte tecnológico

Entregables y soporte tecnológico define los productos que debe entregar el área de TI para soportar las operaciones y planes de la empresa. Responde a la pregunta ¿Qué tengo que hacer?

Una vez definidos los procesos de la organización, el área de tecnología debe identificar los servicios y soporte que estos procesos requieren. Una herramienta que define las mejoras prácticas en la entrega de servicios de TI es ITIL (Information Technology Infrastructure Library) [Hanna et al., 2009]

ITIL se compone de una serie de documentos que guían en la entrega de buenos servicios de TI y las facilidades necesarias para apoyar estos servicios. La herramienta proporciona a las organizaciones un conjunto de procedimientos para apoyarlas en la organización y administración de la calidad de los servicios e infraestructura tecnológica.

La base de ITIL se centra en dos grupos de procesos:

- **Entrega de servicios**, compuesto de administración del nivel de servicio, administración de la disponibilidad, administración financiera de servicios de TI, administración de contingencias de TI, y administración de la capacidad
- **Soporte de servicios**, que cubre administración de problemas, administración de incidentes, escritorio de ayuda, administración de cambios, administración de versiones y administración de configuraciones.

En 2019 se presenta ITIL V4 que presenta la cadena de valor del servicio que consta de seis etapas [Anand 2019]:

- **Involucrar**: Interactuar con interesados externos para fomentar un buen entendimiento.
- **Planeación**: Crear un entendimiento de la visión, estatus y direcciones de mejora de productos y servicios.
- **Mejora**: Asegurar la mejora continua de productos, servicios y prácticas en toda la cadena de valor.
- **Diseño y transición**: Asegurar que los productos y servicios constantemente cumplan con las expectativas de calidad, costo y tiempo de entrega.

- **Obtención / construcción**: Asegurar que los productos y servicios estén disponibles cuando y donde se necesiten, cumpliendo con las especificaciones.
- **Entrega y soporte**: Asegurar que los productos y servicios son entregados y soportados según especificaciones.

ITIL complementa a COBIT. De forma tal que los objetivos de control de COBIT se implementan usando ITIL [Lankhorst et al., 2009].

2.8.- Implementación de TI

Implementación de TI se enfoca en las estrategias para la creación de las soluciones tecnológicas necesarias para la organización. Para el área de TI, esta área responde a la pregunta de ¿Cómo me aseguro que se haga bien?

Existen varias herramientas y metodologías para el análisis y diseño de sistemas y para la ingeniería de software. Una de las más utilizadas es CMM (Capability Maturity Model) y una extensión CMMI (Capability Maturity Model Integration) [Humphrey, 1988].

El modelo de maduración de CMMI consiste en cinco niveles:

CMMI 1 – Inicial – La empresa no tiene un ambiente estable de desarrollo de software. Los procesos son generalmente ad hoc y caóticos

CMMI 2 – Repetible – La empresa tiene algunas prácticas generales de administración de proyectos. Los procesos son administrados, medidos y controlados de forma básica. Sin embargo, cada proyecto es diferente

CMMI 3 – Definido – Las organizaciones cuentan con una buena gestión de proyectos, procedimientos de coordinación entre grupos, formación del personal, y mejores métricas en los procesos. Existe consistencia en la organización.

CMMI 4 – Gestionado - Se cuenta con métricas de calidad y productividad que se usan para la administración de riesgos y la toma de decisiones. El software producido es de alta calidad.

CMMI 5 – Optimizado – El desempeño de los procesos es mejorado constantemente mediante mejoras incrementales e innovaciones tecnológicas. Se usan las métricas intensivamente y se administra el proceso de innovación.

Figura 2.5.- Niveles de maduración de CMMI

2.9.- Resumen

- La definición de la estrategia tecnológica requiere entender áreas de administración general y áreas de administración de tecnología en una organización.
- Las áreas de administración general incluyen la administración estratégica, ejecución de la estrategia, y administración de la calidad. La administración de tecnología incluye gobierno corporativo de TI, entregables y soporte tecnológico, e implementación de TI
- La administración estratégica define la dirección que debe seguir la empresa y su estrategia competitiva. Responde a las preguntas ¿Qué debo hacer? y ¿Por qué es importante? Una herramienta para apoyar a las organizaciones en la formulación de su estrategia es el Balanced Score Card (Cuadro de Mando Integral)
- La ejecución de la estrategia se enfoca en la forma en la que las estrategias empresariales se ponen en marcha. En cierta forma, responde a la pregunta de ¿Cómo lo voy a hacer?
- Administración de la calidad consiste en las actividades que se deben realizar para mantener los niveles de excelencia deseados por la empresa. En este punto se responde a la pregunta de ¿Cómo me aseguro que se haga bien? Un estándar que describe los criterios para una buena administración de la calidad es el ISO 9001.

- Gobierno Corporativo de TI consiste en las estructuras organizacionales y de liderazgo que aseguran que los recursos de TI de la empresa puedan mantener y extender los objetivos estratégicos de la organización. Responde a la pregunta de ¿qué quiero lograr? y ¿por qué? Un estándar internacional para ayudar a las empresas a desarrollar, organizar e implementar las estrategias alrededor del gobierno corporativo de TI es COBIT (Control Objectives for Information and Related Technologies).
- Entregables y soporte tecnológico define los productos que debe entregar el área de TI para soportar las operaciones y planes de la empresa. Responde a la pregunta ¿Qué tengo que hacer? Una herramienta que define las mejores prácticas en la entrega de servicios de TI es ITIL (Information Technology Infrastructure Library).
- Implementación de TI se enfoca en las estrategias para la creación de las soluciones tecnológicas necesarias para la organización. Para el área de TI, esta área responde a la pregunta de ¿Cómo me aseguro que se haga bien? Una de las herramientas más utilizadas es CMM (Capability Maturity Model) y una extensión CMMI (Capability Maturity Model Integration).

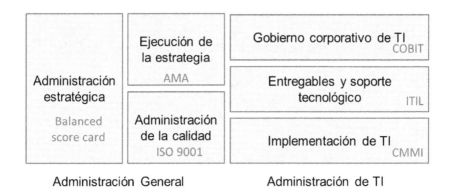

Figura 2.6.- Estándares de apoyo a las actividades estratégicas
[Lankhorst et al., 2009]

2.10.- Ejercicios

Preguntas

1. ¿Qué es la administración estratégica?
2. ¿Por qué se dice que el Balanced Score Card puede ayudar en la administración estratégica?
3. ¿Cómo se realiza la ejecución estratégica?
4. ¿En qué consisten las diez actividades que definen la ejecución de la estrategia según la American Management Association?
5. ¿Qué tipo de empresa puede usar el ISO 9001?
6. ¿Qué es el gobierno corporativo de TI?
7. ¿Cómo puede ayudar el estándar COBIT en el gobierno corporativo de TI?
8. ¿Qué es la cadena de valor del servicio?
9. ¿Cómo apoya el estándar CMMI al desarrollo de sistemas?

Ejercicios

1. Encuentra tres empresas que muestren estar certificadas por ISO 9001.
2. Busca un caso donde muestre el valor de usar COBIT en la definición de las políticas de TI de una empresa.
3. Investiga cómo ha evolucionado el estándar ITIL.
4. Investiga dónde se puede acudir para buscar una certificación en ITIL.
5. Investiga cómo se puede obtener una certificación de CMMI.

Capítulo 3

Modelación de la Arquitectura Empresarial

"Sólo entre aquellos que se dedicaban a una actividad en particular su idioma permanecía sin cambios; así, por ejemplo, había uno para todos los arquitectos, uno para todos los cargadores de piedras, uno para todos los que cortaban piedras, y así sucesivamente para todas las diferentes operaciones. Tantos como eran los tipos de trabajo involucrados en la empresa, tantos eran los lenguajes por los que la raza humana estaba fragmentada; y cuanta más habilidad se requiere para el tipo de trabajo, más rudimentario y bárbaro es el idioma que ahora hablaban."

Dante Alighieri, (acerca de la Torre de Babel), De vulgari eloquentia, Capítulo VII, 1305.

3.1.- Objetivos de aprendizaje

- Entender qué es una arquitectura empresarial.
- Conocer la aplicación de la orientación de servicios para analizar una arquitectura empresarial.
- Entender la relación entre los diferentes niveles de arquitectura en una organización.
- Aprender los principios básicos de la modelación de procesos usando BPMN.
- Aprender los principios básicos de la modelación de datos usando diagramas entidad-relación.

3.2.- La importancia de la modelación de la arquitectura empresarial

Si partimos de la premisa de que el objetivo de las tecnologías de información es apoyar a la empresa y ayudarla a cumplir sus metas, entonces el primer paso para definir una estrategia tecnológica debe ser entender bien la estrategia empresarial. En este punto la comunicación es muy importante. Generalmente, aunque las estrategias se puedan resumir en enunciados de misión o visión definidos en pocas palabras, la forma en la que estas misiones son alcanzadas es mediante mecanismos muy complejos que involucran numerosos empleados desarrollando incontables tareas en diferentes departamentos. Para poder visualizar esta estructura se utilizan lenguajes de modelación de la arquitectura empresarial.

"Una arquitectura empresarial es un plano de la estructura permitida, disposición, configuración, agrupaciones / particiones funcionales, interfaces, datos, protocolos, funcionalidad lógica, integración, y tecnología de los recursos de TI necesarios para respaldar una función o misión empresarial. Por lo general, los recursos que necesitan diseños de arquitecturas incluyen aplicaciones, subsistemas de seguridad, estructuras de datos, redes, plataformas de hardware, almacenamiento, y sistemas de escritorio, por nombrar solo algunos" [Minoli, 2008]. El estándar de ANSI / IEEE indica que una arquitectura es "la organización fundamental de un sistema, incorporada en sus componentes, sus relaciones entre sí y con el medio ambiente, y los principios que rigen su diseño y evolución".

En cierto modo, se puede trazar una analogía entre una arquitectura empresarial y los planos de una ciudad. En lugar de recorrer todas las calles, algunas veces es mejor verla en un mapa para poderla entender. En un mapa se puede apreciar las rutas, los edificios y, si el mapa es interactivo, incluso el tráfico y tiempo para llegar a algún destino.

Sin embargo, los mapas de una ciudad incluyen mucho más que calles. También se pueden representar rutas de transporte público, instalaciones eléctricas o pluviales, servicios públicos, etc. Dependiendo del uso que se dé a la información será el plano que se solicite, pero todos describen a la ciudad en su conjunto. Adicionalmente, para poder ser entendidos, diferentes visiones requieren lenguajes distintos. Así los planos eléctricos no llevan los mismos símbolos que los planos de tuberías de agua o los de los servicios públicos disponibles.

De igual forma, la arquitectura empresarial tiene varias perspectivas y diferentes niveles que se representan mediante diferentes lenguajes. Estas perspectivas y niveles se discuten en las siguientes secciones.

3.3.- Niveles de arquitectura empresarial

Para analizar la arquitectura empresarial se puede seguir una orientación de servicios. Un servicio se define como una unidad de funcionalidad que alguna entidad (un sistema, organización o departamento) entrega a su medio ambiente, y que representa un valor para otra unidad en el mismo medio ambiente. Rastreando de dónde vienen los servicios necesarios para que la empresa opere se pueden entender los niveles de abstracción que se necesitan para mapear una organización.

Al describir lo que hace una empresa, el nivel más alto es su relación con el cliente. En la mayoría de los casos, el cliente recibe los productos o servicios de la organización y representa su principal fuente de ingresos. El cliente no tiene que ser una persona o incluso el cliente final, hay empresas que prestan servicios a otras empresas o proporcionan materias primas que otras organizaciones convierten en productos para otros.

El cliente recibe los servicios de negocio (refiriéndonos a productos o servicios per se) estos servicios son el resultado de algún, o algunos, procesos de negocio. Por lo que la capa más alta en la arquitectura empresarial estarían los clientes que reciben servicios de negocio que son producto de procesos de negocio.

Cada capa de servicio proporciona un valor a una capa superior y es producto de una capa de ejecución inferior, que produce el servicio.

Un proceso de negocio consiste en una serie de actividades, ejecutadas por entidades (personas o máquinas) que producen un bien (producto o servicio). Para funcionar, estos procesos necesitan servicios de aplicación que son proporcionadas por aplicaciones o sistemas de software. Por lo tanto, la capa de procesos de negocio sigue a la capa de servicios de aplicaciones que sigue a componentes de aplicaciones.

Cada capa se puede ampliar para mostrar diferentes subniveles. Por ejemplo, una aplicación consta de tres componentes principales, servicios de presentación (la interfase del usuario), servicios de operación (los algoritmos y cálculos), y servicios de datos (la información que se maneja).

Una aplicación necesita para operar, servicios de infraestructura, y estos servicios son proporcionados por la infraestructura tecnológica, o hardware. La figura 3.1 muestra los niveles de arquitectura de una organización.

Cada una de estas capas tiene su lenguaje y método de modelación propio. Así, el modelar un proceso de negocio usa un lenguaje muy diferente a un modelo de datos o a la infraestructura de hardware de una organización.

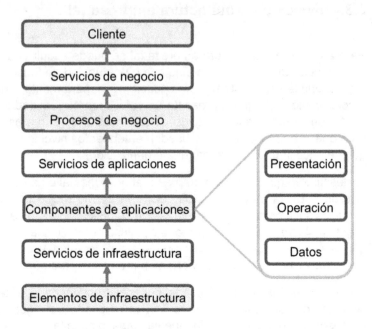

Figura 3.1.- Niveles de arquitectura de una organización (adaptado de Lankhorst, et al. [2019])

3.4.- Modelación de procesos

Hay varias formas de entender cómo funciona una organización. Si la organización se viera como una máquina y esta máquina tuviera solo una función y pocas piezas, probablemente un vistazo sería todo lo que se requeriría para entenderla y saber si la información que produce es verídica.

Una analogía simple sería, en el mundo físico, lo que se conoce como una palanca. Una máquina sencilla que consiste de una barra rígida que puede girar alrededor de un punto de apoyo. El trabajo de la palanca es transmitir la fuerza de un lado de la palanca al otro. Al verla, una persona sabría que, si baja la palanca de un lado, el otro lado subiría.

Si una explicación puede sonar complicada, entonces podríamos recurrir a un dibujo que explique el funcionamiento de este mecanismo. La figura 3.1 ilustra una palanca, y representa una máquina simple.

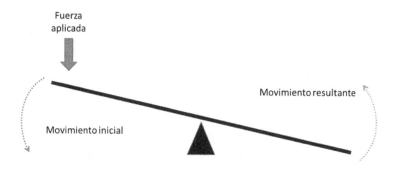

Figura 3.2.- ilustración de una máquina simple

Una imagen dice más que mil palabras. Imaginemos ahora una máquina compleja, como el motor a gasolina de un automóvil. Para explicar su funcionamiento, y que sea entendible, quizá sería necesario usar más que un solo dibujo. Probablemente tendríamos que separar sus funciones y explicar que mientras ciertas partes sirven para encender el motor, otras se aseguran que tenga la gasolina que necesita para mantenerlo andando, mientras que otras partes se enfocan en enfriarlo para que no deje de funcionar. En este caso, el sistema (motor) se compondría de subsistemas (arranque, alimentación y refrigeración, entre otros).

Minicaso – ¿Cómo funciona un motor de combustión interna?

De acuerdo a Wikipedia, "un motor de combustión interna, motor de explosión o motor a pistón es un tipo de máquina que obtiene energía mecánica directamente de la energía química de un combustible que arde dentro de la cámara de combustión... Cuando el combustible mezclado con oxígeno en el motor, arde, se produce una explosión que mueve el pistón haciendo que avance el vehículo". El motor se compone de diferentes subsistemas: cámara de combustión, sistema de alimentación, sistema de distribución, encendido, refrigeración, y sistema de arranque. [Wikipedia, 2021]

En la vida real, la mayoría de las organizaciones son entidades complejas, con diferentes actividades y muchas áreas involucradas. Las empresas tienen diferentes tareas (compras, ventas, producción, recursos humanos, atención a clientes, etc.). Algunas veces, un área participa en varios tipos de trabajo. Como por ejemplo el cajero de una tienda de conveniencia, que recibe dinero como pago por productos, pero también recibe depósitos en efectivo a cuentas bancarias, paga retiros de tarjetas de débito, recarga tarjetas de transporte, y entrega dinero enviado por otras personas desde otras sucursales a un destinatario particular. Otras veces, se requiere la participación de diferentes áreas para completar una actividad. Por ejemplo, cuando un empleado quiere pedir vacaciones, normalmente requeriría autorización del área de recursos humanos, pero también de su jefe inmediato.

Existen varias definiciones de proceso de negocios:

"Una serie de actividades, desarrolladas dentro de una organización para alcanzar un objetivo de negocios" [Weske, 2012]

"Un conjunto de funciones, en una secuencia específica, que al final entrega valor para un cliente interno o externo" [Kirchmer, 2017]

"Una secuencia de actividades de negocio que usan recursos para transformar entradas específicas en salidas específicas, para alcanzar un objetivo de negocio" [Richardson, Chang & Smith, 2020]

Entonces se puede decir que un **proceso de negocios** es una serie de actividades, en una secuencia específica, desarrolladas dentro de una organización, que utilizan recursos para transformar entradas en salidas, que entregan a un cliente interno o externo, para alcanzar un objetivo de negocio.

Una empresa tiene varios procesos de negocio y estos interactúan con entidades externas a la empresa (clientes u otras empresas) mediante el intercambio de información o materiales.

Figura 3.3.- Modelo de negocios simple

De la misma forma, cada función dentro de un proceso es en sí misma un proceso y se puede describir como tal. Esto permite identificar procesos de alto nivel para visualizaciones generales, y procesos de nivel detallado para análisis de fondo de un proceso. Las figuras 3.3 y 3.4 ilustran un proceso y el análisis detallado de una de sus funciones o subprocesos.

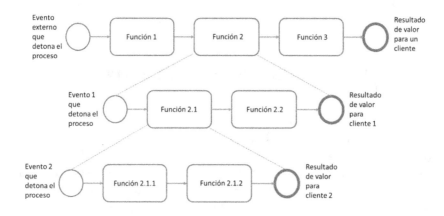

Figura 3.4.- Descomposición jerárquica de un proceso

Como se puede notar, en las figuras 3.3 y 3.4 se utilizaron una serie de símbolos para representar a los procesos y sus componentes, estos se conocen como **modelos de actividad**. Existen diferentes lenguajes o estándares para representar procesos, en este caso, las figuras están generadas usando el estándar de Modelo y Anotación de Procesos de Negocio (Business Process Model and Notation, o BPMN por sus siglas en inglés). Entre las notaciones más utilizadas en la industria para modelar procesos se incluyen:

- Diagramas de Flujo (Flowcharts)
- Diagramas de Flujo de Datos (Data Flow Diagrams, o DFD)
- Mapas de Proceso de Negocio (Business Process Maps)
- Modelo y Notación de Procesos de Negocio (Business Process Model and Notation, o BPMN)

Modelar un proceso tiene sentido pues ayuda al usuario a entender lo que produce el proceso, los recursos que ocupa y cómo transforma entradas en salidas. Dado que el valor de la salida generalmente se puede cuantificar, al igual que los recursos consumidos, es posible determinar si un proceso es costeable, o no.

Otras razones para modelar procesos pueden ser: para facilitar las auditorías, comunicar instrucciones a la empresa, estandarizar los intercambios de información con clientes o proveedores, o entrenar al personal involucrado.

Una vez modelado un sistema, se puede analizar su eficiencia económica y operativa. Un modelo bien hecho puede ayudar a identificar subprocesos inútiles o cuellos de botella en algún trabajo. Esto permite modificar los procesos (evolución) o cambiarlos radicalmente (revolución).

3.5.- Modelación de procesos usando BPMN

El **modelo y notación de procesos de negocio** (Business Process Model and Notation, o BPMN por sus siglas en inglés) es una forma gráfica de representar las actividades de un proceso de negocio. Se enfoca en identificar la secuencia de procesos y los mensajes que fluyen entre ellos [Nextech, 2019]. BPMN fue inicialmente desarrollada por la organización Business Process Management Initiative (BPMI), y es actualmente mantenida por el Object Management Group (OMG)

"BPMN se ha convertido en un estándar de facto para los diagramas de procesos de negocio. Su intención es que sea usado directamente por los involucrados que diseñan, administran o ejecutan un proceso de negocio, pero al mismo tiempo ser suficientemente preciso para permitir que los diagramas BPMN se traduzcan en componentes de un proceso de software. BPMN tiene notaciones parecidas a los diagramas de flujo, que es independiente de cualquier ambiente de implementación." [Object Management Group, 2020]

BPMN utiliza un conjunto reducido de símbolos, con lo que busca facilitar su uso entre los interesados. Las cuatro categorías básicas de elementos son:

Objetos de Flujo: Eventos, Actividades, Control de flujo (gateways);

Objetos de Conexión: Flujo de Secuencia, Flujo de Mensaje, Asociación;

Carriles de nado (swimlanes): Piscina, Carril;

Artefactos: Objetos de Datos, Grupo, Anotación.

Objetos de flujo

Los objetos de flujo representan los conceptos que se están modelando. Hay tres tipos de objetos:

Las **actividades** (lo que se hace), muestran procesos como cobrar por el producto o empacar las ventas. Los procesos algunas veces se componen de diferentes actividades, a estas se les llaman subprocesos (como lo muestra la figura 3.3). Algunas veces se quiere mostrar que un proceso se repite varias veces (hasta cumplir una condición). Hay procesos que ocurren en paralelo (como cuando todos los estudiantes presentan el mismo examen) y hay procesos secuenciales que se repiten varias veces (como cuando el profesor califica los exámenes de todos, uno a la vez).

Los **eventos** que muestran algo que sucede, generalmente están fuera del control de la empresa. Estos inician o detonan los procesos. También pueden recibir sus resultados. Ejemplos de detonadores serían una solicitud de información, o una venta. Ejemplos de eventos finales podrían ser el recibo de un estado de cuenta. Los eventos básicos son inicio, intermedio y final. Sin embargo, hay tres tipos de eventos comunes que pueden ayudar a describir procesos. El primer tipo son eventos de mensaje, que son comunicaciones entre un participante y otro, y sirven para iniciar un proceso o reportar avance. El segundo tipo son eventos de tiempo (o temporizadores) estos se usan para indicar que un proceso debe iniciar en un cierto momento (temporizador de inicio), esperar un tiempo (temporizador intermedio). El tercer tipo son eventos de error, muestran una interrupción en el proceso y generalmente detonan un proceso alterno para manejar errores.

Los **controles de flujo**, que indican bifurcaciones, o uniones en el flujo. Generalmente vienen en pares, un control de flujo separa el flujo en diferentes alternativas, mientras que otro reúne las diferentes ramas. Hay diferentes tipos de controles de flujo: exclusivos (solo una alternativa es posible), inclusivos (se puede optar por uno o más caminos), y paralelos (se deben recorrer todos los caminos).

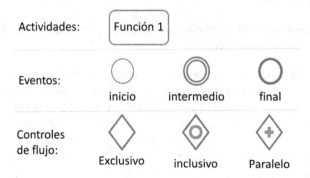

Figura 3.5.- Objetos de flujo

Figura 3.6.- Actividades repetitivas

Figura 3.7.- Tipos de eventos

Objetos de conexión

Los objetos de conexión unen los objetos de flujo. Hay tres tipos de objetos de conexión:

Los **flujos de secuencia**, muestran el orden en que las actividades se llevarán a cabo. Indica que una actividad precede, o sigue, a otra.

Los **flujos de mensaje**, conectan procesos internos con procesos o entidades (empresas) fuera de la nuestra.

Las **asociaciones**, conectan un texto con un objeto de flujo

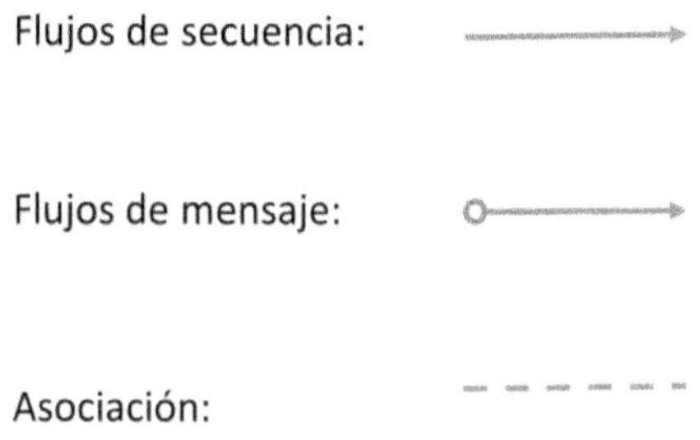

Flujos de secuencia: ⟶

Flujos de mensaje: o⟶

Asociación: ------

Figura 3.8.- Objetos de conexión

Minicaso – Pago en una caja de supermercado

Luego de poner en su carrito los productos que quiere comprar en el supermercado, el cliente se dirige a la caja. El cliente vacía el carro y presenta los productos al cajero. El cajero escanea los productos y pregunta a cliente si prefiere pagar en efectivo o con tarjeta de crédito. Recibe el pago ya sea recibiendo el efectivo o procesando el cobro en la tarjeta. Una vez completado el pago, se empacan los productos y entregan al cliente.

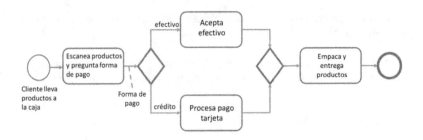

Figura 3.9.- Ejemplo de BPMN del proceso de pago en un supermercado

Carriles de nado (swimlanes)

BPMN representa organizaciones y departamentos agrupando sus funciones en albercas y carriles de nado.

Una **alberca** representa un participante mayor, normalmente una empresa completa. Las empresas se separan en departamentos, representados por carriles de nado, y pueden tener uno o más departamentos. De la misma forma, alberca puede incluir uno o más carriles de nado. Las albercas pueden ser abiertas, donde es posible ver sus componentes, o cerradas, donde se representan por cuadros sin poder ver sus partes y solo se muestran los flujos de información y materiales de y hacia otras organizaciones.

Un **carril de nado** se usa para representar una actividad, un rol, o un proceso dentro de una organización.

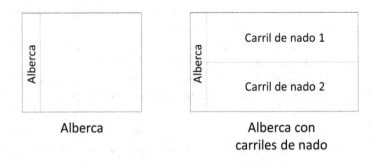

Figura 3.10.- Albercas y carriles de nado

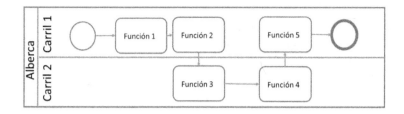

Figura 3.11.- Ejemplo de procesos en carriles de nado

Artefactos: Objetos de Datos, Grupo, Anotación.

Algunas veces, se necesita agregar información adicional para que los diagramas se puedan entender mejor. Hay tres artefactos básicos: objetos de datos, grupos y anotaciones.

Los **objetos de datos** muestran qué datos son producidos o requeridos por algún proceso. Por ejemplo, el proceso pago con tarjeta de crédito, requeriría el número de la tarjeta y la fecha de caducidad, entre otros.

Los **grupos** juntan visualmente algunas actividades, sin afectar su flujo. Se representan con un rectángulo punteado con las esquinas redondeadas.

Las **anotaciones** se utilizan para dar más información y hacer más entendibles los diagramas

Figura 3.12.- Artefactos

3.6.- Ejemplos de modelos de procesos
Cita con un médico

El cliente llama a la oficina del médico y solicita una cita, la oficina ofrece horas disponibles, el cliente elije un horario y se hace la reservación.

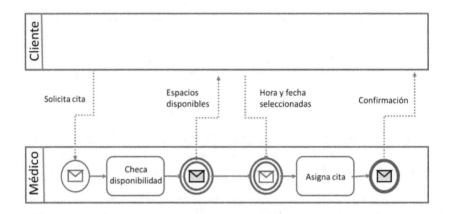

Figura 3.13.- Cita con un médico

Invitación a un concierto

Se lanza la invitación a una persona para que lo acompañe a un concierto que ocurre en una semana. La invitación puede ser rechazada, en cuyo caso se cancela la invitación y no se va al concierto. Si la invitación es aceptada, lo que se requiere es esperar una semana y luego ir al evento.

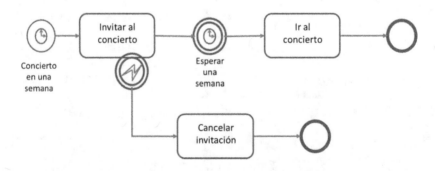

Figura 3.14.- invitación a un concierto que es en una semana

Compra de camisetas en tienda en línea

El cliente solicita uno o varios tipos de camisetas a una tienda en línea. La tienda puede o no tener los modelos y tallas en existencia. Si no los tiene, los solicita al fabricante. Se prepara la orden, se hace el cobro de las camisetas al cliente, una vez pagado, se empacan y envían.

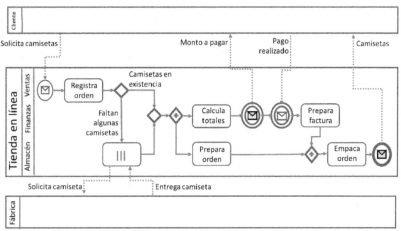

Figura 3.15.- Compra de camisetas en línea

3.7.- Consejos para modelado de procesos

El objetivo de la modelación de procesos es poder comunicar lo que hace un proceso, y cómo lo hace. Es importante que el diagrama, o los diagramas que resulten sean entendibles por la persona a quien van dirigidos. La mente humana puede manejar un número limitado de datos antes de caer en el punto de sobrecarga de información, por lo tanto, si un proceso tiene demasiados componentes, considere agrupar algunos procesos en un solo proceso mayor, y llevar el detalle al siguiente nivel, como subprocesos del proceso macro. Incluya los elementos básicos, pero no se pierda en los detalles.

Divida un problema grande en varios problemas pequeños, y si los problemas aún son muy grandes divídalos otra vez. Al modelar, enfóquese en un proceso a la vez.

Al etiquetar actividades use un verbo y un sustantivo (por ejemplo: entregar órdenes, recibir pagos, calcular costos)

Recorra el flujo de trabajo y revise que no esté olvidando nada. Sea iterativo, genere la primera versión y corríjala conforme haga repasos del proceso.

Valide sus diagramas con las personas que están realizando los procesos. Cuando ven lo que el diagrama dice que hacen, ellos sabrán si algo que se menciona no es cierto, o si falta alguna condición.

3.8.- Modelación de datos

Un dato es una representación de la realidad que describe una característica de una entidad. Cada entidad puede ser representada por diferentes datos dependiendo de su complejidad, por ejemplo, una persona se puede identificar por su nombre, pero también se le puede atribuir una dirección, o una edad.

Los **modelos de datos** son representaciones abstractas de los datos, las relaciones entre ellos, y las propiedades de las entidades del mundo real que son representadas por esos datos.

Los modelos de datos buscan dar una perspectiva de cómo se hacen los registros, cómo se acumula y relaciona la información entre tablas, qué categorías de datos se utilizan en cada caso, qué características tienen (por ejemplo, longitud, restricciones, etc.) y qué políticas tienen que cumplir.

Un modelo de datos puede ser diseñado desde diferentes perspectivas de acuerdo a su uso, diagramando la información desde una **perspectiva conceptual** (que indica qué es lo que contiene la base de datos), desde una **perspectiva lógica** (que detalla cómo se debe comportar, desarrollando un mapa de reglas y las características de las estructuras, con sus validaciones, excepciones y relaciones entre los valores) o desde una **perspectiva física** (que muestra cómo se implementa de manera aplicada a la base de datos específica, con la información técnica de las tablas y columnas y el tipo de datos usados).

Existen diferentes formas de representar los datos en un modelo, es decir, modelos con estructuras diferentes, siendo dos de los más populares el Modelo de clases de Lenguaje de modelado unificado (UML) y el Modelo Entidad-Relación (que se discute más adelante).

3.9.- Modelos Entidad-Relación (E-R)
Un **Modelo Entidad-Relación** es un diagrama que explica cómo está diseñada una base de datos. Muestra la forma como se relacionan las entidades en la base de datos, incluyendo sus atributos, y cómo trabajan en conjunto. Fundamentalmente, tanto los Modelos Entidad-Relación como los Modelos de clases de Lenguaje de modelado unificado (UML) son simplemente diferentes alternativas para la modelación de las estructuras de datos.

Entidad se refiere a cualquier objeto, ser o concepto del cual se desea coleccionar puntos de datos (lo que previamente se llegó a mencionar que se pudiera manejar mediante una tabla). Una entidad contiene una serie de **atributos** o características (como podría ser nombre, edad, sueldo, horas trabajadas, etc.)

Los **atributos identificativos** o **atributos clave** se refieren a aquellos atributos que distinguen un registro único de la entidad de otra (digamos, lo equivalente a una llave primaria, como el número o ID de cliente, el número del artículo o incluso, el nombre de usuario en la creación de un correo electrónico).

Las **relaciones** nos indican la manera en que las entidades se asocian, usualmente representadas por verbos.

Los tipos de relaciones o cardinalidades (las denominadas "multiplicidades" en UML) representan la relación de una entidad, que puede ser uno a uno, uno a muchos o muchos a muchos. Se representan por un par de números, identificados en cada uno de los extremos de la línea que muestra la asociación.

En el Modelo Entidad-Relación se representan de la siguiente manera cada uno de los conceptos relacionados:

- Entidades: mediante un rectángulo
- Atributo: mediante un óvalo/círculo
- Relación: mediante un rombo
- Cardinalidades: mediante números a un costado de las entidades relacionadas y, a veces, con dichos números arriba de la relación.

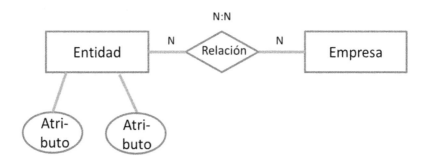

Figura 3.16.- Representación Gráfica de Diagrama Entidad-Relación

A continuación, se muestra un ejemplo de cómo un empleado (entidad) trabaja (relación) en una empresa (entidad relacionada) en un Modelo Entidad-Relación. Hay que tener en cuenta que, en este caso, muchos empleados trabajan en la empresa, por lo que la relación es muchos a uno (representados por la letra N y 1 en los extremos vinculados por parte de cada entidad). En este caso, del asalariado se lleva registro de su edad y su sexo.

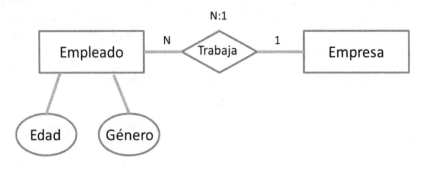

Figura 3.17.- Ejemplo de Diagrama Entidad-Relación

Cardinalidad representada con notación de pata de gallo o "crow's foot"

En ocasiones la cardinalidad se identifica con simbología, en lugar de los números a los costados de la entidad. Dichos símbolos se ven representados en cómo finaliza la línea que conecta a las entidades relacionadas en cada uno de los lados. Dependiendo de la cardinalidad es la forma como finaliza la línea (ver Figura 5.15), en muchas de las ocasiones marcando los mínimos y máximos aplicables para cada extremo.

Figura 3.18.- Formas de representación de notación de pata de gallo

Cuando se utiliza la notación de pata de gallo no se registra el rombo de la relación, simplemente vinculando ambas entidades a través de la línea con los trazos en los extremos aplicables de acuerdo al número de instancias a aplicar en cada caso.

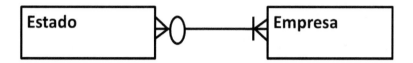

Figura 3.19.- Ejemplo de Diagrama Entidad-Relación con notación de pata de gallo

En el ejemplo anterior, una empresa puede no tener empleados, o tener varios, representado por el lado izquierdo de la línea en el diagrama. Por el otro lado, un empleado puede pertenecer a una empresa o más simultáneamente (por ejemplo, teniendo dos trabajos), lo cual se determina del lado derecho de la línea.

Desarrollo de Tablas

Una vez que se tiene identificado dentro de un diagrama Entidad-Relación (ER) las relaciones entre entidades, para el desarrollo de la base de datos hay que convertir el diagrama ER en tablas, para lo que primero hay que cambiar todas las relaciones muchos a muchos (N:N) y crear entidades intermedias con relaciones 1:N.

Por ejemplo, una factura puede incluir varios artículos y un artículo puede aparecer en varias facturas (lo cual representa una relación N:N), pero esa relación lleva unidades compradas (que es un atributo) y las relaciones no llevan atributos. Para solucionar esto y poder traducir el diagrama ER a tablas, se crea la entidad línea de factura, que solo puede aparecer en una factura con un solo artículo (teniendo en cuenta que una factura puede tener varias líneas y un artículo puede a su vez aparecer en varias líneas, ver Figura 3.20). La línea de factura tiene como llaves externas el número de artículo, el número de factura, como llave interna el número de línea y como atributo la cantidad de artículos comprados en esa línea (con lo que se calcularía el precio total).

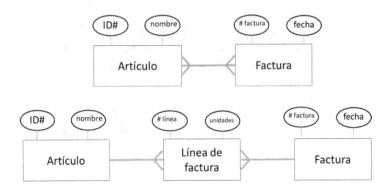

Figura 3.20.- Conversión de relaciones N:N en Diagrama E-R a relaciones 1:N para tablas

Desarrollo de Diagrama E-R en Órdenes de Compra en Comercializadora de Dulces

Usted dirige una comercializadora que compra y vende dulces al mayoreo. Dentro de su proceso, usted tiene que llevar detalle de sus proveedores, las personas de contacto de dichos proveedores y su correo electrónico. A estos proveedores les llega a generar órdenes de compra de uno o más tipos de dulces, de los cuales registra su descripción, cantidad y precio. La orden de compra tiene también la fecha de generación y el total de la compra.

Para la generación del diagrama E-R de lo anterior, se tienen que reconocer inicialmente como entidades al proveedor, sus personas de contacto, la orden de compra y los productos.

- Un proveedor puede tener varias personas de contacto, pero una persona de contacto en esencia solamente pertenece a un solo proveedor (relación 1:N). El correo electrónico es un atributo de la persona de contacto.
- Una orden de compra puede estar relacionada con un solo proveedor, pero a un proveedor se le pueden realizar diferentes órdenes de compra (relación 1:N).
- Una orden de compra puede tener diferentes tipos de dulces, un tipo de dulce a su vez también puede estar en diferentes órdenes de compra, por lo que la relación es N:N). La descripción, cantidad y precio de los dulces asociados a la orden de compra son atributos, así como también lo son para la orden de compra la fecha de generación y el total de la compra.

Por ende, las relaciones entre las partes quedarían en primera instancia de la siguiente manera:

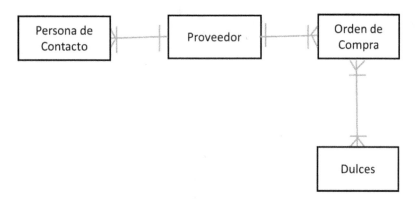

Figura 3.21.- Diagrama E-R con las relaciones principales para las órdenes de compra

Derivada de la relación Muchos a Muchos que existe entre Dulces y Orden de Compra, para generar la tabla lo anterior se divide de la siguiente manera:

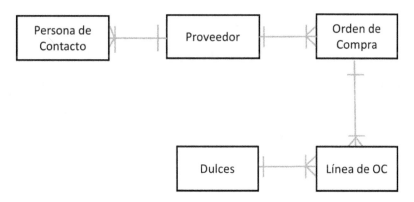

Figura 3.22.- Conversión a tabla de las relaciones para la orden de compra

Lo anterior se completaría con los respectivos atributos en cada caso, de acuerdo a la siguiente Figura:

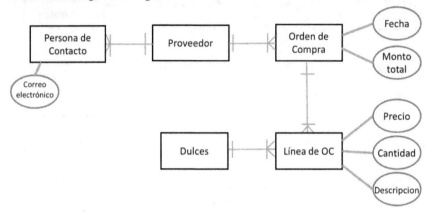

Figura 3.23.- Tabla de relaciones con atributos para la orden de compra en una dulcería

Minicaso – Datos en una tienda de sombreros

La exclusiva tienda de sombreros para caballero de Don Arturo lleva un registro de todos sus clientes. Sabe qué sombreros ha comprado cada cliente, cuándo y cuánto pagó por el sombrero en esa ocasión. Lleva además registro de las fechas de cumpleaños de sus clientes y, si tienen esposas, también registra el cumpleaños de las esposas. ¿Podrías preparar un diagrama entidad-relación que muestre las entidades cliente, sombrero y compra, con sus relaciones y atributos?

Minicaso – Datos de inscripciones en una escuela

En una escuela que tiene programas semestrales, un profesor puede impartir clases en diferentes grupos de diferentes materias, y un alumno puede inscribirse en varios grupos. Para cada materia puede no haber grupos, o impartirse uno o más grupos cada semestre. En un grupo puede haber varios alumnos, pero solo un profesor. ¿Cómo se representaría esta estructura en un diagrama entidad-relación? ¿Qué entidades se necesita modelar? ¿Qué atributos tiene cada entidad?

3.10.- Resumen

- Una arquitectura empresarial es un plano de la estructura permitida, disposición, configuración, agrupaciones / particiones funcionales, interfaces, datos, protocolos, funcionalidad lógica, integración, y tecnología de los recursos de TI necesarios para respaldar una función o misión empresarial.

- Para analizar la arquitectura empresarial se puede seguir una orientación de servicios. Un servicio se define como una unidad de funcionalidad que alguna entidad (un sistema, organización o departamento) entrega a su medio ambiente, y que representa un valor para otra unidad en el mismo medio ambiente.

- Al describir lo que hace una empresa, el nivel más alto es su relación con el cliente. Cada capa de servicio en la empresa proporciona un valor a una capa superior y es producto de una capa de ejecución inferior, que produce el servicio. Cada una de estas capas tiene su lenguaje y método de modelación propio.

- Un proceso de negocios es una serie de actividades, en una secuencia específica, desarrolladas dentro de una organización, que utilizan recursos para transformar entradas en salidas, que entregan a un cliente interno o externo, para alcanzar un objetivo de negocio. El modelo y notación de procesos de negocio (Business Process Model and Notation, o BPMN por sus siglas en inglés) es una forma gráfica de representar las actividades de un proceso de negocio.

- Los modelos de datos son las representaciones que existen de los componentes de un proceso o varios en una base de datos y la lógica entre sus relaciones, conservando una documentación formal de dichas estructuras y sus relaciones. Un Modelo Entidad-Relación es un diagrama que explica cómo está diseñada una base de datos. Muestra la forma como se relacionan las entidades en la base de datos, incluyendo sus atributos, y cómo trabajan en conjunto.

3.11.- Ejercicios de repaso
Preguntas

1. ¿Cuál es la diferencia entre describir un proceso y modelarlo?
2. ¿Qué es un proceso de negocios?
3. Menciona las notaciones más utilizadas en la industria para modelar procesos.
4. ¿Qué es el BPMN?
5. ¿Cuáles son los principales objetos de flujo en BPMN?

6. ¿Cuál es la diferencia en el uso de un carril de nado y una alberca en la notación BPMN?
7. ¿Qué es un modelo de datos?
8. ¿Qué es el lenguaje de modelado unificado (UML)?
9. ¿Para qué sirven los modelos entidad-relación?
10. ¿Cuáles son los símbolos usados en los diagramas entidad-relación?

Ejercicios

1. Prepare el diagrama que describa cómo solicitar un taxi en un servicio en línea.
2. Describa el proceso que sigue una persona para decidir qué automóvil comprar.
3. Visite un banco y analice el proceso que siguen los cajeros para atender a un cliente, prepare un modelo BPMN de esos procesos.
4. Visite una oficina de gobierno como el registro civil. ¿Cuáles son los pasos para solicitar una copia de un acta de nacimiento?
5. En una empresa de reparación de motores el procedimiento para costear cada trabajo es el siguiente: El mecánico recibe el motor con problemas y registra la hora de inicio de trabajo. Lo primero que hace es revisar el motor defectuoso y diagnosticar la falla. El mecánico acude al almacén y solicita las piezas para su trabajo, las coloca en el motor y lo prueba. Si sobran piezas las regresa al almacén, si la falla persiste y necesita más piezas hace otro pedido de piezas. Al final del trabajo, el mecánico registra la hora de terminación del trabajo y declara el motor completo. Para costear el trabajo se calcula las horas trabajadas por el mecánico y el valor de las piezas utilizadas. Prepara un diagrama entidad-relación donde muestres las entidades mecánico, motor, refacción, trabajo de mantenimiento y refacciones utilizadas. Incluye sus atributos y relaciones. Asegúrate que cada entidad tenga una llave primaria.
6. El comité organizador de un congreso quiere llevar sus cuentas claras. Cada miembro del comité recibe cierto número de boletos que debe vender. Cada boleto cuesta 1,000 pero si se compran tres el precio por los tres boletos es de 2,600. Existe la opción de comprar boletos de grupo a un precio de 10 boletos por 7,000. Conforme cada miembro vende sus boletos, entrega el dinero al tesorero informándole cuántos vendió individualmente y cuántos paquetes de 3 y de 10 boletos ha vendido. Prepara un diagrama entidad relación que incluya las escuelas, miembros del comité, boletos entregados a cada miembro, boletos sencillos (y paquetes de 3 y 10) vendidos por cada miembro.

Módulo II

Gobierno Empresarial de TI

Capítulo 4

Gobierno Corporativo de TI

"Gobernar sobre muchas personas como si fueran pocas es una cuestión de dividirlas en grupos o sectores: es organización."

Sun Tzu, "El Arte de la Guerra" Capítulo V, Siglo Quinto antes de Cristo.

4.1.- Objetivos de Aprendizaje.

- Entender qué es el gobierno corporativo.
- Conocer las diferencias entre gobierno corporativo y gobierno corporativo de TI.
- Apreciar la importancia para una empresa de contar con un gobierno corporativo de TI.
- Definir los roles involucrados con la definición y operación del gobierno corporativo de TI.
- Conocer los componentes del gobierno corporativo de TI.
- Conocer las preguntas clave para cada fase del gobierno corporativo de TI.

4.2.- Qué es el gobierno corporativo

Cuando una persona invierte su dinero en una empresa, siempre busca que los recursos de la organización se utilicen de la mejor manera para maximizar sus utilidades y proteger su patrimonio. Normalmente, los accionistas nombran un consejo directivo que vela por sus intereses, define los objetivos de la empresa y dicta las normas generales de operación del negocio. El Consejo nombra a la alta administración que opera la empresa.

Al definir las reglas de la empresa, se define el modelo de Gobierno Corporativo. El Gobierno Corporativo se enfoca en la combinación de procesos y estructuras implementadas por el consejo directivo para informar, dirigir, administrar y monitorear las actividades de la organización para que se alcancen sus objetivos.

Una definición más formal es: "El gobierno corporativo es el sistema mediante el cual las empresas son dirigidas y controladas. Los consejos de administración son responsables del gobierno de sus empresas. El papel de los accionistas en el gobierno es nombrar a los miembros del consejo y a los auditores para asegurarse de que exista una estructura de gobierno adecuada. Las responsabilidades del consejo directivo incluyen el establecimiento de los objetivos estratégicos de la empresa, proporcionando el liderazgo para ponerlos en efecto, supervisando la gestión del negocio e informar a los accionistas sobre su gestión. Las acciones del consejo están sujetas a leyes, reglamentos y a los accionistas en su junta general." [Cadbury, 1992]

4.3.- En qué consiste el Gobierno Corporativo de TI

Hace más de 60 años, los Doctores Leavitt y Whisler escribieron un artículo en la revista Harvard Business Review [Leavitt & Whisler, 1958] donde trataban de analizar un fenómeno nuevo que estaban identificando en las organizaciones. Al fenómeno lo llamaron "Tecnologías de Información" y pronosticaban que para mediados o finales de los 1980's (30 años después) estas tecnologías permitirían a los altos ejecutivos involucrarse más en la operación del negocio, re-centralizar actividades, reducir el número de administradores medios y facilitar que menos gente pudiera hacer más trabajo.

Lo que no pudieron predecir Leavitt y Whisler fue que poco más de medio siglo después, las tecnologías de información no solo afectarían la forma de tomar decisiones en las empresas, sino que serían una parte fundamental de la operación de las mismas. Hoy es común para las organizaciones invertir en tecnologías de información y comunicaciones. Estas tecnologías impactan directamente los resultados de las empresas permitiéndoles reducir costos, aumentar sus ventas o incluso crear nuevos productos. En algunos casos, los cambios han sido tan radicales que industrias enteras han cambiado su forma de operar, lo que ha causado la desaparición de empresas tradicionales y la creación de nuevos negocios. Vean por ejemplo el caso de Kodak, que luego de cien años de operación ha tenido que renfocar sus actividades; IBM, que vendió su división de microcomputadoras; Apple, que con nuevas tecnologías es ahora una de las empresas más valiosas del mundo; o incluso Facebook, un negocio que no existía hace pocos años y que hoy cuenta con más de mil millones de usuarios.

La tecnología es un activo muy importante, representa un gasto significativo y puede tener implicaciones estratégicas claves para el futuro del negocio. Es responsabilidad del consejo de administración y la alta dirección el asegurarse que se están obteniendo los mejores resultados de estas inversiones y que la empresa está bien posicionada para tomar ventaja de las oportunidades que le brinden sus mercados sin correr muchos riesgos.

Cuando el uso correcto de una herramienta puede significar ganancias considerables para una empresa, o cuando esta misma herramienta puede cambiar las bases de la competencia y poner en riesgo la existencia misma del negocio, entonces es responsabilidad de la alta administración y del consejo directivo el asegurarse que esta herramienta sea manejada de la mejor forma posible, tanto para obtener utilidades, como para evitar pérdidas. Esto se logra mediante la implementación adecuada del gobierno corporativo de TI.

Tal es el efecto de administrar correctamente los recursos de TI en las organizaciones, que un estudio de 250 compañías en 23 países realizado por el Dr. Peter Weill, director del Center for Information Research, en MIT, descubrió que, al comparar empresas con modelos estratégicos similares, aquellas que tienen modelos de gobierno corporativo de TI superiores, han mostrado obtener 20% más ganancias que contrapartes que contaban con modelos pobres [Weill & Ross, 2004].

Una parte integral del Gobierno Corporativo, es el Gobierno Corporativo de TI, que consiste, según el IT Governance Institute, en las estructuras organizacionales y de liderazgo que aseguran que los recursos de TI de la empresa puedan mantener y extender los objetivos estratégicos de la organización.

Otra definición de Gobierno Corporativo de TI proviene de Peter Weill [2004], quien lo define como "...especificar los marcos de referencia para los derechos de decisión y responsabilidad que promuevan un comportamiento deseable en el uso de TI".

Combinando ambas definiciones de puede decir que: El Gobierno Corporativo de TI consiste en la definición de las estructuras y procesos organizacionales que aseguran que las funciones de TI en una empresa apoyen y extiendan los objetivos estratégicos de la organización, promoviendo el mejor aprovechamiento de las tecnologías para los fines que la empresa requiera.

4.4.- Alcance del Gobierno Corporativo de TI

Para entender los roles en la definición y operación del Gobierno Corporativo de TI, es necesario entender quién se beneficia de estos principios.

- Los inversionistas, el consejo directivo y la alta administración: Les asegura que las inversiones en TI entregan óptimos retornos a sus inversiones y que se cumplan las leyes y reglamentos.
- Los administradores de las unidades de negocio: Participan en las decisiones estratégicas de TI, participan en la priorización de los proyectos, mejora su desempeño y la predictibilidad de sus resultados.
- Los administradores de proyectos: Reciben ayuda en el monitoreo de sus avances y pueden tomar decisiones más rápido.
- El área de TI: Facilita la comunicación de cómo TI apoya a los objetivos del negocio, ayuda en la priorización de sus actividades, mayor coordinación y colaboración con las unidades de negocio.

En virtud de su importancia, el Gobierno Corporativo de TI es la responsabilidad directa del Consejo Directivo y la alta administración, sin embargo, por ser la responsabilidad operativa del Director de Informática (o CIO por sus siglas en inglés), y por ser este el dominio de su área de especialidad, el CIO es directamente responsable por el desarrollo y operación del programa. Adicionalmente, se requiere la participación de los responsables de las unidades de negocio pues son ellos quienes dominan las necesidades y oportunidades del negocio y del personal del departamento de TI pues ellos serán responsables de su implementación.

Cada rol tiene diferente nivel de involucramiento en la definición del Gobierno Corporativo de TI. Mientras que el consejo directivo y la alta administración tienen un rol de definición general y consulta, otras áreas tienen responsabilidad por el diseño y operación de diferentes componentes. A continuación, se listan los componentes de una estrategia de Gobierno Corporativo de TI. Esto debe ayudar a entender la complejidad de las decisiones a tomar y la importancia de involucrar diferentes áreas.

El alcance del gobierno corporativo de TI incluye:

- **Principios de TI:** Una visión de alto nivel del papel que juega la TI en la empresa.
- **Arquitectura tecnológica:** La definición de los equipos y plataformas a utilizar, su ubicación, cómo se relaciona entre sí y el plan para su evolución, operación y mantenimiento.
- **La arquitectura de aplicaciones:** La definición de los sistemas de información que resuelven las necesidades del negocio y cómo interactúan entre sí.
- **La arquitectura de servicio:** Las reglas para definir el nivel de respuesta que se dará a las necesidades de TI de las áreas de negocio y sus usuarios.

- **El plan de inversión y priorización:** la definición de la forma en la que se invertirán los recursos asignados a TI.
- **El plan de desarrollo de recursos humanos:** decisiones de cómo conseguir y mantener las habilidades técnicas y administrativas necesarias para ejecutar los planes de TI.
- **Políticas, procesos, herramientas y técnicas:** decisiones en cuanto a las herramientas a utilizar y la forma de organizarse para aprovecharlas.

Los roles involucrados en la definición del Gobierno Corporativo de TI y sus componentes son:

- **El Consejo directivo y la alta administración:** Definen los objetivos el negocio, aprueban, monitorean el plan de TI y dirigen las inversiones en el área.
- **El Director de Informática (CIO):** asume responsabilidad por la preparación del plan y sus componentes, incluyendo su operación y desempeño.
- **Los administradores de las unidades de negocio:** preparan requerimientos, aprueban y apoyan proyectos de TI, definen especificaciones y objetivos de negocio.
- **Administradores de TI:** asumen responsabilidad para el desarrollo y operación de los proyectos de TI y por el correcto desempeño de las soluciones tecnológicas.
- **Personal técnico:** se informan de las iniciativas y sus responsabilidades particulares en las mismas.

4.5.- El gobierno corporativo de TI en acción

El Gobierno Corporativo de TI responde a tres preguntas principales que tienen que ver con el significado (estrategia), la administración (ejecución) y la medición (valor) de las tecnologías de información.
Las preguntas que se responden son:

- Estrategia: ¿Estamos haciendo las cosas correctas? ¿Lo que debemos hacer?
- Ejecución: ¿Las estamos haciendo bien?
- Valor: ¿Estamos obteniendo los beneficios?

Los pasos para responder a cada pregunta son:

Estrategia (significado):
- Alineación del plan de TI con el plan del negocio
- Publicación del plan de TI, portafolio de inversiones

Ejecución (administración):
- Implementación de proyectos de TI
- Administración del desempeño de TI
- Desarrollo de recursos humanos, mejora continua

Valor (medición):
- Medición del impacto de las inversiones

Las preguntas clave que se deben realizar en cada fase para asegurar la alineación entre el plan de TI y el plan de la empresa en cada fase son:

- Estrategia: ¿Estamos haciendo las cosas correctas? ¿Se hace que debemos hacer?
  - ¿Son las inversiones consistentes con el plan de negocios?
  - ¿Son consistentes con los principios del negocio?
  - ¿Contribuyen a obtener ventajas competitivas sostenibles?
  - ¿Proveen valor con un nivel aceptable de riesgo?

- Ejecución: ¿Las estamos haciendo bien?
  - ¿Son las soluciones escalables?
  - ¿Está bien definido el proceso de uso y entrega de servicios?
  - ¿Contemos con suficientes recursos humanos calificados?

- Valor: ¿Estamos obteniendo los beneficios?
  - ¿Existe un claro nivel de compromiso de todas las partes?
  - ¿Queda claro quién es responsable por obtener los beneficios de las tecnologías?
  - ¿Existen métricas relevantes y cuantificables?

Los productos y actividades de cada fase son:

- Estrategia (significado):
  - Alineación del plan de TI con el plan del negocio
  - Publicación del plan de TI, portafolio de inversiones
- Ejecución (administración):
  - Implementación de proyectos de TI
  - Administración del desempeño de TI
  - Desarrollo de recursos humanos, mejora continua
- Valor (medición):
  - Medición del impacto de las inversiones

El papel del consejo directivo y la alta administración es asegurar que la estrategia de TI esté en línea con la estrategia del negocio, evaluar si TI está cumpliendo con sus compromisos, dirigir la estrategia de TI mediante el control de las inversiones y el apoyo a sus proyectos y, por último, asegurar que exista una cultura de colaboración entre TI y el resto de la organización.

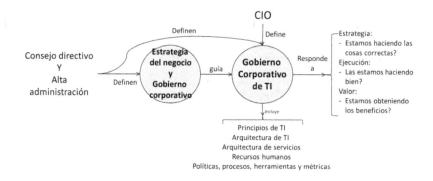

Figura 4.1.- Mapa conceptual de gobierno corporativo de TI

4.6.- Resumen

- Cuando una persona invierte su dinero en una empresa, siempre busca que los recursos de la organización se utilicen de la mejor manera para maximizar sus utilidades y proteger su patrimonio.
- El Gobierno Corporativo se enfoca en la combinación de procesos y estructuras implementadas por el consejo directivo para informar,

dirigir, administrar y monitorea las actividades de la organización para que se alcancen sus objetivos.

- El Gobierno Corporativo de TI consiste en la definición de las estructuras y procesos organizacionales que aseguran que las funciones de TI en una empresa apoyen y extiendan los objetivos estratégicos de la organización, promoviendo el mejor aprovechamiento de las tecnologías para los fines que la empresa requiera.

4.7.- Ejercicios de repaso

Preguntas

1. ¿Qué es el gobierno corporativo?
2. ¿Cuál es la diferencia entre gobierno corporativo y gobierno corporativo de TI?
3. ¿Por qué es importante para una empresa el contar con un gobierno corporativo de TI?
4. ¿Cuáles son los roles involucrados con la definición y operación del gobierno corporativo de TI?
5. ¿Cuáles son los componentes del gobierno corporativo de TI?
6. ¿Cuáles son las preguntas clave para cada fase del gobierno corporativo de TI?

Ejercicios

1. Identifica tres frases que se puedan usar en una empresa para definir su estrategia tecnológica.
2. Lista tres frases que demostrarían que la ejecución del plan de TI está funcionando correctamente.
3. Investiga algunas métricas usadas en la industria para medir el éxito de una aplicación de tecnología.

Capítulo 5

Planeación de Sistemas

"No todo lo que puede ser contado cuenta, y no todo lo que cuenta puede ser contado"

William Bruce Cameron, "Informal Sociology", 1963

5.1.- Objetivos de aprendizaje

- Entender la forma de priorizar proyectos actuales y nuevos desarrollos.
- Identificar y clasificar los proyectos necesarios.
- Aprender a definir los proyectos de infraestructura.
- Entender cómo calificar proyectos con costos y beneficios cuantificables.
- Entender cómo calificar proyectos con costos y beneficios no cuantificables.
- Aprender a integrar una lista consolidada de proyectos.

5.2.- Componentes de la planeación de un área de informática

El trabajo de un área de informática consiste en ayudar a la empresa a alcanzar sus objetivos. Normalmente hay proyectos informáticos en operación. La primera prioridad es que los sistemas actuales sigan operando y reciban el mantenimiento que requieran. La nómina no puede dejar de pagarse y la producción no se puede detener.

En adición a mantener funcionando la empresa, también es necesario desarrollar proyectos nuevos que se agregan a la lista de proyectos existentes. Los proyectos nuevos se pueden clasificar en proyectos necesarios u obligatorios (como aquellos que se tienen que hacer para cumplir con algún requisito legal) proyectos de infraestructura, que son proyectos que no dejan valor en sí mismos, pero se ocupan para que otros proyectos funcionen (ejemplos de estos serían las redes de comunicación o los sistemas de seguridad de la información). Y los proyectos informáticos que apoyan algún proyecto estratégico de la organización.

Una vez definidos los proyectos en los que se va a trabajar, se puede planear el hardware y software que se requiere, las plataformas de manejo de datos necesarias y las necesidades de personal y presupuesto requerido para la operación del área.

5.3.- Operación actual y nuevos desarrollos

Normalmente, en una empresa, hay proyectos informáticos funcionando. Algunos son más importantes que otros, y algunos requieren mayor atención. La primera responsabilidad del área de tecnología es mantener los proyectos actuales funcionando, a esto siguen los nuevos desarrollos.

Para definir qué proyectos actuales requieren más atención, se pueden categorizar en una tabla de 2x2 con dos ejes: la importancia del proyecto para la empresa, y la salud del proyecto (en cuanto a su estabilidad operativa). Aquellos proyectos que sean altamente importantes y tengan una salud pobre, requieren atención inmediata. Es importante que se actualicen y no dejen de operar. Los proyectos importantes sanos solo deben mantenerse funcionando. A esto le siguen los proyectos poco importantes con problemas. En esos casos es importante evaluar si se deben mantener o eliminar. Los proyectos sanos poco importantes quedan al final de la lista de atención y pueden seguir operando mientras no presenten un problema.

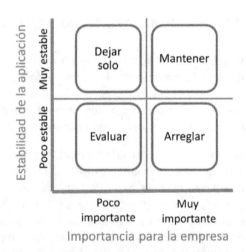

Figura 5.1.- Clasificación de proyectos actuales por importancia y estabilidad

64

5.4.- Proyectos necesarios

Algunos proyectos tecnológicos se pueden justificar en términos de sus costos y beneficios. Sin embargo, hay ciertos proyectos que se deben completar, aunque sus costos sean mayores que los beneficios tangibles esperados. Hay tres clases de proyectos no rentables que deben ser considerados en el plan de trabajo: aquellos que son requeridos para cumplir con un requerimiento legal, proyectos de infraestructura necesarios para proporcionar comunicaciones o datos a otros proyectos, o proyectos estratégicos que son necesarios para mantener el nivel de competitividad de la empresa o su imagen pública.

Los proyectos necesarios para cumplir con alguna normatividad o reglamento se deben incluir en el programa de trabajo y se debe planear su entrega e implementación dentro de los tiempos requeridos. Ejemplos de estos son sistemas para proteger la información de los clientes, sistemas para reportar ciertas actividades a oficinas del gobierno, o para reportar a los accionistas de la empresa cambios en la situación de la organización.

Algunos proyectos necesarios son aquellos requeridos para el cumplimiento de la ley Sarbanes Oxley (SOX) que es obligatoria para cualquier empresa que cotice en la bolsa de valores de Nueva York o que opere en los Estados Unidos. La ley busca proteger a los inversionistas mejorando la calidad y exactitud de la información financiera que emita la empresa y castiga con multas y hasta cárcel por el no cumplimiento.

Minicaso: ¿Cómo clasificar un proyecto de seguridad de la información?

Como parte del programa de seguridad informática, el departamento de tecnología obliga a los usuarios a cambiar sus passwords cada cierto tiempo e instala software antivirus en todos los equipos de la empresa. Recientemente llegaron noticias que un competidor ha recibido un ataque de ransomware. Nuestra empresa nunca ha sido atacada y ya tiene ciertas medidas de seguridad, pero el área de tecnología insiste en que se invierta una cantidad considerable en sistemas de datos redundantes y copias de nuestros archivos. Hacer eso no agregará valor a nuestras operaciones actuales y puede quitar presupuesto de otros proyectos importantes. ¿Debe la empresa analizar este proyecto seriamente?

Desarrollar los sistemas para acatar esta ley son, por consiguiente, prioridad máxima en cualquier plan de tecnología. Empresas como Cemex aplican estos principios y los describen en sus páginas de Internet [Cemex, 2021].

5.5.- Proyectos de infraestructura

Algunas veces, es necesario realizar ciertos proyectos para preparar el camino, obtener datos o transportar información necesaria para otros proyectos. Estos se conocen como proyectos de infraestructura. Una analogía sería como construir una carretera libre para llegar a una ciudad. La carretera en sí, no produce utilidad alguna, pero el tenerla permitirá la operación de los negocios en la ciudad.

Si un proyecto de infraestructura es necesario para un solo proyecto estratégico o uno que brinda utilidades, la infraestructura deberá considerarse parte del costo del proyecto al que sirve, y este se deberá completar justo antes que sea requerido por el proyecto.

Por otra parte, si el proyecto de infraestructura es para permitir una serie de nuevas iniciativas, entonces se deberá considerar un proyecto estratégico en sí mismo y competir por recursos con los otros proyectos estratégicos de la empresa. De cualquier forma, un proyecto de infraestructura puede esperar hasta justo antes que el primer proyecto al que sirva vaya a entrar en operación.

Minicaso: Historia de dos ciudades

Hay dos proyectos importantes en la lista de pendientes de un especialista en business intelligence en un equipo deportivo. El primero es un sistema para analizar porqué 20% de los aficionados con boletos de temporada completa en la zona de palcos deciden no asistir a los juegos. El segundo es un sistema para analizar porqué 10% de los aficionados en la zona preferente del estadio decidieron no renovar su abono anual este año. ¿Cómo se pueden priorizar ambos proyectos? ¿a cuál se le debe prestar atención primero? ¿por qué?

5.6.- Proyectos estratégicos cuantificables

Para desarrollar un nuevo sistema, la empresa debe invertir en el software, y en construir las interfaces entre el nuevo sistema y los sistemas que ya están en operación. Adicionalmente, debe comprar equipo de cómputo nuevo si es que el que tiene no fuera suficientemente poderoso para operar el sistema propuesto. También necesitaría entrenar al personal que estaría trabajando con el nuevo sistema.

La decisión de aprobar, o no, un proyecto, depende de muchos factores. No se basa solamente en el costo del software. Aunque si el proyecto resultara tan caro que no estuviera al alcance de la empresa, no hay otra decisión que rechazarlo y buscar una solución más acorde a las posibilidades del negocio.

Suponiendo que la empresa tuviera el dinero para pagar por el proyecto, la siguiente pregunta es: ¿qué beneficios aporta? Y ¿qué tan complicado es que el proyecto funcione? Un proyecto que cuesta caro y no produce beneficios es fácil de rechazar. Del mismo modo, proyectos que no funcionarían también se rechazan rápidamente.

Analizar si un proyecto es conveniente para una organización requiere calcular sus costos (tanto tangibles como intangibles) y sus beneficios (tangibles e intangibles), además del riesgo que implica su implementación. Esto se debe hacer por un período equivalente a la vida útil del proyecto (por lo que si el proyecto se espera sirva por cinco años, se deben calcular los costos y beneficios durante todo ese período). Con esta información es más sencillo decidir si el nuevo sistema se debe aprobar, o no.

Una vez identificados los costos y beneficios de un proyecto se procede a calcular los costos y beneficios marginales, es decir, los costos y beneficios adicionales a los que ocurrirían si no se implementara el proyecto.

Si un sistema ayuda a vender $1,200,000 dólares en productos, pero con el sistema actual la empresa ya vende $1,000,000 dólares, entonces el nuevo sistema solo proporciona un beneficio de $200,000 dólares en ventas adicionales. Si la empresa decide no implementar el proyecto, ya tiene ventas de un millón de dólares. El beneficio marginal es el beneficio adicional a lo que ya se tiene. En este caso, al calcular los beneficios por ventas del proyecto, este solo aporta $200,000, y no $1,200,000

Del mismo modo, si la empresa ya cuenta con una computadora o paga renta por una oficina y el nuevo sistema ocupa el mismo equipo (si no hay que comprar equipo adicional) y no requiere espacio adicional, el costo de equipo y renta de oficina del proyecto es cero, pues la empresa, si decidiera no aprobar el proyecto, como quiera tendría que erogar esas cantidades.

Por otra parte, si el software puede correr en el equipo actual, pero este necesita una expansión de memoria de $100,000, el costo de equipo para el proyecto no es el costo de la computadora que ya se tiene, sino solo los cien mil adicionales que habría que desembolsar para que operara el software.

Los costos marginales son aquellos costos adicionales a los que ya se tienen que son requeridos para realizar un proyecto. Un proyecto se analiza únicamente en términos de sus costos y beneficios marginales.

Una forma relativamente fácil de entender para presentar los costos y beneficios de un proyecto es usando una tabla de tiempo para presentar flujos de efectivo (entradas y salidas de dinero). Se puede dividir la vida útil de un proyecto en años, trimestres o meses (dependiendo del alcance esperado). Se colocan los nombres de los costos a tabular en la columna izquierda, y los períodos en el renglón superior. En cada celda se coloca el gasto incurrido o beneficio recibido por cada rubro en cada período.

Puede haber renglones con subtotales de costos incurridos y beneficios recibidos. El último renglón lista el flujo de cada período que se obtiene restando los costos a los beneficios.

Tabla 5.1.- Flujos de efectivo de un proyecto

	1	2	3	4	5	6	7	8	9	10	
Costos marginales											
remodelación	30000	10000									
equipamiento	10000	30000									
requisitos legales	10000										
operación	5000	5000	2000	2000	2000	2000	2000	2000	2000	2000	
total costos	55000	45000	2000	2000	2000	2000	2000	2000	2000	2000	116000
Beneficios marginales											
ventas	0	8000	11000	11000	11000	11000	11000	11000	11000	11000	
viáticos	0	0	1500	3000	3000	3000	3000	3000	3000	3000	
total beneficios	0	8000	12500	14000	14000	14000	14000	14000	14000	14000	118500
flujo neto	-55000	-37000	10500	12000	12000	12000	12000	12000	12000	12000	

Partiendo del ejemplo desarrollado en la figura 5.2, donde se analizan los costos y beneficios de un proyecto informático, se puede realizar un análisis del valor presente neto y la tasa interna de rendimiento del proyecto [Baca Urbina, 2015, Alanís, 2021]. En la alternativa presentada, como se plantea inicialmente, el año 1 se requiere una inversión de $55,000 y no se reciben beneficios, el segundo año hay un gasto de $45,000, pero se reciben beneficios equivalentes a $8000. Los siguientes años los gastos disminuyen a tan solo $2,000 y los beneficios se incrementan el año 3 a $12,500 y del año 4 en adelante en $14,000.

Para saber si el proyecto es conveniente, hace falta agregar un renglón con el flujo neto de cada período. Este se calcula sumando los ingresos y restando los gastos de cada período. De tal forma que el flujo del año 1 es de -55,000 y el del año 6 (por ejemplo) es de $12,000.

Partiendo del supuesto que el TMAR para la empresa es del 10%, la fórmula para calcular el VPN es **=B16+VNA(B18,C16:K16)** y la fórmula para calcular la TIR es **=TIR(B16:K16,0)**

En este caso, los resultados son un VPN de -$31,676.84 y una TIR de 0.5229% Este resultado es mucho menor que la TMAR esperada (que en este caso podría ser 10%) por lo que este proyecto, tal como está presentado se rechazaría.

	A	B	C	D	E	F	G	H	I	J	K
4		1	2	3	4	5	6	7	8	9	10
5	Costos marginales										
6	remodelación	30000	10000								
7	equipamiento	10000	30000								
8	requisitos legales	10000									
9	operación	5000	5000	2000	2000	2000	2000	2000	2000	2000	2000
10	total costos	55000	45000	2000	2000	2000	2000	2000	2000	2000	2000
11	Beneficios marginales										
12	ventas	0	8000	11000	11000	11000	11000	11000	11000	11000	11000
13	viáticos	0	0	1500	3000	3000	3000	3000	3000	3000	3000
14	total beneficios	0	8000	12500	14000	14000	14000	14000	14000	14000	14000
15											
16	flujo neto	-55000	-37000	10500	12000	12000	12000	12000	12000	12000	12000
17											
18	TMAR tasa de interes	10.000%		tasa que el negocio requiere para los proyectos							
19	valor presente neto	-$31,676.84		valor comparado contra invertir en el banco a la tasa de arriba							
20	TIR interes del proyecto	0.5229%		tasa de interes que deja este proyecto							

Figura 5.2.- Análisis financiero de un proyecto de inversión

Suponiendo que una estimación es que las ventas a partir del año 3 pueden subir a $22,000 manteniendo todos los demás parámetros intactos. Si se cambia el estimado de ventas para los años 3 a 10 el resultado es un VPN de $21,672.42 (positivo) y una TIR de 15.4247% (mucho mejor que la TMAR de 10). Esta versión del proyecto resulta aceptable.

	A	B	C	D	E	F	G	H	I	J	K
4		1	2	3	4	5	6	7	8	9	10
5	Costos marginales										
6	remodelación	30000	10000								
7	equipamiento	10000	30000								
8	requisitos legales	10000									
9	operación	5000	5000	2000	2000	2000	2000	2000	2000	2000	2000
10	total costos	55000	45000	2000	2000	2000	2000	2000	2000	2000	2000
11	Beneficios marginales										
12	ventas	0	8000	22000	22000	22000	22000	22000	22000	22000	22000
13	viáticos	0	0	1500	3000	3000	3000	3000	3000	3000	3000
14	total beneficios	0	8000	23500	25000	25000	25000	25000	25000	25000	25000
15											
16	flujo neto	-55000	-37000	21500	23000	23000	23000	23000	23000	23000	23000
17											
18	TMAR tasa de interes	10.000%		tasa que el negocio requiere para los proyectos							
19	valor presente neto	$21,672.42		valor comparado contra invertir en el banco a la tasa de arriba							
20	TIR interes del proyecto	15.4247%		tasa de interes que deja este proyecto							

Figura 5.3.- Variación en el análisis financiero de un proyecto

Una práctica común consiste en presentar tres escenarios en cada propuesta: el escenario esperado, el escenario optimista, y un escenario pesimista (most likely, best case y worst case). Si para este proyecto el escenario pesimista consiste en que las ventas el año 3 suben a $18,000; el escenario esperado es ventas de $20,000 y el mejor caso es ventas de $22,000 manteniendo todo lo demás constante, los resultados serían los siguientes:

Tabla 5.2.- TIR de tres posibles escenarios de ventas esperadas

Escenario	Ventas esperadas a partir del año 3	VPN (TMAR=10%)	TIR
Pesimista	$18,000	$2,272.69	10.6002%
Esperado	$20,000	$11,972.56	13.0745%
Optimista	$22,000	$21,672.42	15.4247%

Dado que en este caso todos los escenarios resultan favorables, en estas condiciones el proyecto se aprobaría.

Es posible que el escenario pesimista sea negativo mientras que el esperado y optimista resulten positivos. En esos casos es importante revisar el nivel de riesgo y la probabilidad que se de cada escenario para determinar si se procede, o no, con el proyecto.

¿Qué validez tienen los resultados?

Excel es una herramienta muy poderosa y, si un proyecto no está presentando los resultados necesarios para su aprobación, es muy tentador tan solo cambiar la estimación de beneficios para que el resultado final sea aceptable. Esta práctica es peligrosa, pues si la estimación inicial era honesta y estaba bien calculada, va a ser difícil obtener los resultados prometidos en el análisis modificado.

Es conveniente modificar los análisis cuando se busca medir el esfuerzo necesario para que un proyecto sea rentable. Por ejemplo, si al ver un proyecto resulta que las ventas el año 3 deben ser de al menos $18,000 para que el VPN y la TIR resulten favorables, debemos preguntarnos ¿qué tan difícil es llegar a $18,000 en ventas? Si la respuesta, con toda honestidad, es que ese número no es ningún problema, entonces se puede presentar el proyecto ante las autoridades que lo analizan y solicitar el presupuesto para llevarlo a cabo. Si, por el contrario, encontramos que llegar a $18,000 en ventas requiere un esfuerzo extraordinario que nunca se ha logrado antes, es probable que el proyecto nunca entregue los resultados necesarios para considerarse rentable.

Es mucho mejor identificar un problema potencial cuando el proyecto está en la etapa de planeación y análisis, que esperar a la implementación para darse cuenta que se ha tomado la decisión equivocada.

Un buen análisis puede brindar la confianza que el proyecto tiene potencial y permitir a los tomadores de decisiones comparar diferentes alternativas de inversión. La TIR y el VPN permiten comparar los resultados esperados de proyectos diversos como tecnología, mercadotecnia, o producción, por mencionar algunos. Estos análisis permiten tomar la mejor decisión para el futuro de la organización.

5.7.- Proyectos estratégicos no cuantificables

Si a un proyecto no se le puede asignar un beneficio tangible, la metodología para clasificarlo consiste en asignarle puntos de acuerdo a criterios predefinidos. [Alanís, 2020]

En el ejemplo a utilizar en este capítulo el orden que se le ponga a los proyectos estratégicos va a depender de cuatro factores principales:

- qué tan importante es el programa al que se está apoyando,
- qué tan importante es el apoyo informático para el proyecto,
- qué tan disponible está la tecnología y
- qué disposición tienen los usuarios.

Sin embargo, cada empresa es diferente y puede definir un grupo diferente de factores a calificar.

En este caso, el Primer factor califica al proyecto en general:

La importancia del programa: Es obvio que si, por ejemplo, el proyecto para identificar nuevos clientes es más prioritario en el plan de la organización, que el proyecto para eliminar las colas en el módulo de información de una tienda, los programas informáticos para el primero tendrían prioridad sobre los del segundo. Generalmente hay una lista de programas prioritarios en la empresa, y hay un orden entre ellos. A esta lista se le pueden asignar puntos. Esto puede ser un primer indicador de dónde debe estar la atención cuando se planean nuevos proyectos.

Tabla 5.3.- Lista general de proyectos con puntuación

Proyecto	Importancia	Puntos
A	1	85
B	2	83
C	3	75
D	4	68
E	5	56

Los siguientes tres factores califican el rol de informática dentro de ese proyecto:

El nivel de apoyo informático: Hay proyectos donde la informática es indispensable para su funcionamiento. Mencionemos por ejemplo el proyecto de modernización del manejo de créditos de los clientes, este no se podría realizar sin apoyo de sistemas de cómputo. Hay, por otra parte, proyectos que quizá no dependan tanto de los sistemas, por ejemplo, el proyecto de mejorar la salud de los empleados mediante la organización de una liga de baseball. En estos casos, aunque el proyecto de la liga deportiva pueda ser más importante en alguna lista de proyectos, probablemente el proyecto de modernización del manejo de créditos debería recibir mayor atención por parte del área de Informática, pues es ahí donde se recibiría mayor beneficio por la inversión.

La disponibilidad de la tecnología: Un factor importante para definir si un proyecto se hace este año o el año siguiente es si la tecnología que requiere está disponible en la organización o incluso en el mercado. Si ya tengo el equipo, quizá sea más sencillo conseguir el software. Por otra parte, las tecnologías generalmente son más accesibles conforme pasa el tiempo. Trabajar con una tecnología que apenas se está desarrollando puede resultar caro y no dar los resultados esperados. Sin embargo, proyectos que el año pasado se rechazaron por ser muy caros o muy difíciles, pueden ser viables dados los cambios en los marcados y las condiciones actuales.

El cuarto factor a considerar es *la actitud de los usuarios*: En igualdad de circunstancias, un proyecto para un usuario que sí quiere que funcione, es más fácil de desarrollar, y puede dar mejores resultados, que otro con un usuario que se resiste a cambiar.

Al colocar los tres factores en una tabla se puede calificar cada proyecto en términos de cada factor, así, si un proyecto requiere totalmente del apoyo informático este recibiría 10 puntos en ese factor, mientras que, si un proyecto depende de tecnología no disponible, o difícil de conseguir, podría recibir 3 puntos en el factor correspondiente.

Tabla 5.4.- Proyectos calificados por valor

Proyecto	Importancia del apoyo informático	Disponibi- lidad de la tecnología	Actitud del usuario
A	8	10	8
B	10	10	9
C	9	8	8
D	4	3	9
E	8	10	5

Para definir qué tan importante es la informática para el proyecto se asigna un peso a cada factor (da tal forma que sumen 100%). De esta forma, un proyecto con 10 puntos en cada uno de los tres factores valdría 100% de su puntaje, mientras que un proyecto con 5 punto en cada factor valdría 50% de los puntos asignados a ese proyecto. Como ejemplo, en la siguiente tabla se asigna 50% del peso al factor Importancia, 30% a

Disponibilidad y 20% a Actitud. Al multiplicar el peso por el puntaje y sumar cada proyecto se obtiene un valor que indica la importancia de la tecnología para el proyecto (sin considerar qué tan importante sea, o no, el proyecto en la tabla global).

Tabla 5.5.- Proyectos con cálculo del valor de la contribución de la tecnología en cada uno

Proyecto	Importancia del apoyo informático	Disponibilidad de la tecnología	Actitud del usuario	Valor de TI
Peso por factor →	50%	30%	20%	
A	8	10	8	0.86
B	10	10	9	0.98
C	9	8	8	0.85
D	4	3	9	0.47
E	8	10	5	0.80

Al combinar la tabla 5.5 con los valores de TI para cada proyecto, con los puntos de los proyectos que se obtienen de la tabla 5.3 con el valor global, y multiplicar los puntos del proyecto por el valor de TI se obtiene un puntaje que indica la importancia de cada proyecto dentro del plan de informática del año.

Tabla 5.5.- Proyectos con puntuación, indicando la importancia para el área de tecnología

Proyecto	Importancia del apoyo informático	Disponibilidad de la tecnología	Actitud del usuario	Valor de TI	Puntos	Puntos final
Peso por factor →	50%	30%	20%			
A	8	10	8	0.86	85	73.1
B	10	10	9	0.98	83	81.3
C	9	8	8	0.85	75	63.8
D	4	3	9	0.47	68	32.0
E	8	10	5	0.80	56	44.8

Este cálculo permite reordenar los proyectos y esta lista puede ser diferente a la lista global. Por ejemplo, en este caso, aunque el proyecto A tiene mayor prioridad que el proyecto B, este último tiene más puntos para informática, por lo que merecería más atención.

Tabla 5.6.- Proyectos ordenados según su importancia para el área de tecnología

Proyecto	Puntos final
B	81.3
A	73.1
C	63.8
E	44.8
D	32.0

Esta no es una lista final de proyectos, hay que considerar los recursos y presupuesto disponibles y decidir, partiendo del proyecto más importante, hasta qué proyecto se podría llegar.

5.8.- Integración del plan de proyectos

El plan final de proyectos consiste en la suma de los proyectos para mantener la plataforma actual funcionando y los proyectos nuevos, que consisten en proyectos estratégicos, proyectos de infraestructura, proyectos cuantificables y los no cuantificables.

La lista generada se convierte en una herramienta de negociación. Con ella, y considerando factores como el balance de riesgos (no podemos tomar solo proyectos a largo plazo o proyectos muy sencillos) se puede iniciar la negociación con las oficinas de los usuarios para generar una lista final de que es lo que se va a desarrollar este año y qué debe esperar al año siguiente.

Los factores a analizar pueden cambiar, también el peso de cada uno. El valor de esta metodología estriba en que no solo toma en cuenta consideraciones económicas de los proyectos, sino que parte de las prioridades de cada administración, tomando en cuenta factores que resultarían difíciles de cuantificar, pero que son igual de valiosos para las organizaciones.

La herramienta da visibilidad al trabajo pendiente y ayuda a involucrar a los usuarios en los proyectos informáticos.

5.9.- Resumen

- La primera responsabilidad del área de tecnología es mantener los proyectos actuales funcionando, a esto siguen los nuevos desarrollos.
- Para definir qué proyectos actuales requieren más atención, se pueden categorizar en una tabla de 2x2 con dos ejes: la importancia del proyecto para la empresa, y la salud del proyecto (en cuanto a su estabilidad operativa).
- Los nuevos proyectos se pueden clasificar en términos de sus costos y beneficios.
- Hay tres clases de proyectos no rentables que deben ser considerados en el plan de trabajo: aquellos que son requeridos para cumplir con un requerimiento legal, proyectos de infraestructura necesarios para proporcionar comunicaciones o datos a otros proyectos, o proyectos estratégicos que son necesarios para mantener el nivel de competitividad de la empresa o su imagen pública.
- Para analizar un proyecto cuantificable se enumeran sus costos y beneficios marginales y se calcula su valor presente neto (VPN) y su tasa interna de rendimiento (TIR).
- Como un análisis de un proyecto requiere estimaciones de los flujos futuros, una práctica común consiste en presentar tres escenarios en cada propuesta: el escenario esperado, el escenario optimista, y un escenario pesimista.
- Un buen análisis puede brindar la confianza que el proyecto tiene potencial y permitir a los tomadores de decisiones comparar diferentes alternativas de inversión.
- Si a un proyecto no se le puede asignar un beneficio tangible, la metodología para clasificarlo consiste en asignarle puntos de acuerdo a criterios predefinidos.
- El plan final de proyectos consiste en la suma de los proyectos para mantener la plataforma actual funcionando y los proyectos nuevos,

que consisten en proyectos de infraestructura, proyectos cuantificables y los no cuantificables.

- La lista generada se convierte en una herramienta de negociación. Con ella, y considerando factores como el balance de riesgos (no podemos tomar solo proyectos a largo plazo o proyectos muy sencillos) se puede iniciar la negociación con las oficinas de los usuarios para generar una lista final de que es lo que se va a desarrollar este año y qué debe esperar al año siguiente.

5.10.- Ejercicios de repaso
Preguntas

1. ¿Por qué es importante concentrarse primero en mantener los proyectos actuales trabajando, antes de pensar en nuevos desarrollos?
2. ¿Qué se debe hacer con proyectos actuales muy importantes, pero poco estables?
3. ¿Qué se debe hacer con proyectos actuales poco importantes y bastante estables?
4. ¿Qué importancia deben tener los proyectos requeridos por el gobierno?
5. ¿cómo decidir cuándo planear un proyecto de infraestructura?
6. ¿Qué se puede deducir de la tasa interna de rendimiento de un proyecto?
7. ¿Por qué es importante analizar escenarios probables, optimistas y pesimistas de un proyecto?
8. ¿Cómo puedo usar la TIR y el VPN para analizar un proyecto informático?
9. ¿Qué criterios se pueden utilizar para evaluar proyectos con beneficios no cuantificables?

Ejercicios

1. Identifique dos proyectos de infraestructura tecnológica en una empresa.
2. Identifique tres proyectos obligatorios en una organización.
3. Un proyecto informático requiere una inversión de 50,000 el primer año, una inversión de 30,000 el segundo año y produce un beneficio de 10,000 el tercer año y beneficios de 15,000 los años cuatro a diez (que es cuando concluye su vida útil). ¿Cuál es la tasa interna de rendimiento de ese proyecto?
4. Liste dos proyectos con beneficios cuantificables y dos no cuantificables que estén en operación en alguna empresa.

Capítulo 6

Medición de Resultados

"Creo en la evidencia. Creo en la observación, la medición y el razonamiento, confirmados por observadores independientes. Creeré cualquier cosa, sin importar cuán salvaje y ridículo sea, si hay pruebas de ello. Sin embargo, cuanto más salvaje y ridículo sea algo, más firme y sólida tendrá que ser la evidencia".

Isaac Asimov, "The Roving Mind" 1983.

6.1.- Objetivos de aprendizaje

- Explicar la razón por la que es difícil medir resultados de TI.
- Entender el impacto del tiempo en los efectos de la tecnología.
- Entender el impacto del factor riesgo en los impactos de la tecnología.
- Conocer los indicadores de inversión en tecnología.
- Conocer los indicadores de activos tecnológicos.
- Apreciar la forma de medir el impacto del uso de TI, desempeño organizacional y riesgo en los indicadores de TI.

6.2.- La importancia de la medición de resultados

Para muchos especialistas, el trabajo del área de tecnología consiste en operar los sistemas existentes y desarrollar soluciones informáticas. Por esa razón, apenas completan un proyecto inician el siguiente sin mirar atrás, ni detenerse a analizar los resultados obtenidos. El problema de esta posición es que limita el aprendizaje organizacional (no sabemos si las cosas se están haciendo bien, ni cómo mejorar) y complica el conseguir fondos para proyectos futuros (no hay pruebas que las inversiones estén produciendo los resultados esperados).

La principal razón del para evitar el proceso de medición de resultados de la tecnología es porque es un trabajo difícil de definir. Mientras que la cantidad de computadoras o el alcance de la red de pueden reportar con mediciones físicas, el valor que un sistema brinda a la empresa no es tan sencillo de determinar. Por ejemplo, un sistema de CRM ayuda al área de ventas a ser más efectivo. Si el área de ventas mejora su desempeño, ¿cuánto de ese resultado se debe al nuevo sistema y cuánto al esfuerzo del personal de ventas?

Sin embargo, además de ser una parte importante del trabajo, la medición de resultados es cada vez más demandada por la alta administración que se enfrenta a presiones para reducir costos de operación y justificar todas las inversiones, por lo que los proyectos tecnológicos deben competir por recursos junto con todos los otros proyectos de la empresa [Kohli, Sherer, y Barton, 2003].

6.3.- Las diferentes dimensiones del impacto de la tecnología en las organizaciones

Hay sistemas de información que tienen impactos cuantificables; como un sistema de optimización de procesos, donde los ahorros atribuibles al sistema se pueden medir directamente. Por otra parte, hay sistemas que proveen un valor de apoyo a otras áreas y que, en combinación con otros factores internos y externos, ayudan a mejorar los resultados. En estos casos, las mejoras no se pueden atribuir directamente a la tecnología (aunque se pueda argumentar que sin tecnología no habría resultados).

Adicionalmente, algunas veces el beneficio de un sistema no se nota sino algún tiempo después que haya iniciado operaciones. Los usuarios necesitan capacitación, los clientes deben acostumbrarse a las innovaciones y los datos históricos deben actualizarse para que el nuevo sistema opere como se esperaba. Por ejemplo, en la industria farmacéutica, una inversión para crear un sistema de reporte y análisis de información requiere de la inversión en tecnología para crear el sistema. El sistema produce los reportes, que permite el análisis, que luego impacta en el manejo de los pacientes, y eventualmente redunda en ganancias para la empresa. La figura 6.1 muestra un diagrama de este caso.

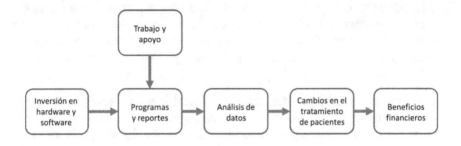

Figura 6.1.- Impacto de una inversión informática en el tiempo en una empresa farmacéutica. Fuente Devaraj y Kohli [2000]

Al analizar el caso de la industria farmacéutica junto con otros casos similares, se pueden identificar cuatro aspectos a considerar de inicio para medir los impactos de la tecnología en las organizaciones: la inversión en tecnología, los activos tecnológicos, el impacto directo de la tecnología y el impacto en el desempeño organizaciones. La figura 6.2 muestra la relación de estos elementos.

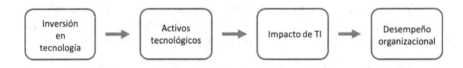

Figura 6.2.- Aspectos a considerar para medir los impactos de la tecnología en las organizaciones Fuente Kohli y Sherer [2002]

Hay un impacto adicional de la tecnología que vale la pena analizar, y este es el riesgo. La tecnología de información puede hacer una empresa más confiable. Por otra parte, también la puede hacer vulnerable a ataques cibernéticos o fallas tecnológicas. Cada elemento de tecnología que se incluye puede variar el balance de riesgo de la empresa y esto también se debe cuantificar para validar el impacto de la tecnología en la organización y definir estrategias para administrarlo o contenerlo. La figura 6.3 muestra los diferentes elementos de riesgo alrededor de cada uno de los impactos a analizar.

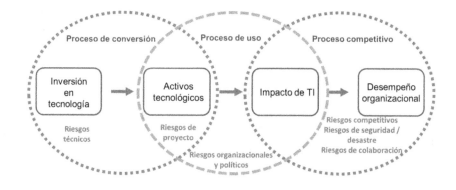

Figura 6.3.- Riesgos de los impactos de la tecnología en las organizaciones Fuente Kohli y Sherer [2002]

6.4.- Inversión en tecnología

Uno de los elementos más cuantificables es la inversión en tecnología y el presupuesto del área de sistemas de información. Esto incluye hardware, software, comunicaciones, entrenamiento y personal. De ser posible, es conveniente separar los montos que tocan a la operación y al desarrollo de nuevas soluciones. También podría resultar valioso el separar las inversiones por área funcional de la empresa.

Una tabla con los datos del presupuesto es un momento en el tiempo puede resultar interesante, pero resulta más valioso el ver cómo esos valores han variado en varios períodos. También puede resultar interesante comparar las inversiones en tecnología de nuestra empresa con las de otras empresas en el mismo ramo. El porcentaje de gasto en tecnología sobre los ingresos totales de la empresa, comparado con el mismo indicador en empresas similares puede indicar si hay un problema de sobre o sub inversión. La información de gasto en tecnología es diferente en cada tipo de industria. Mientras que hay empresas que dependen de la tecnología, para otras es solo una herramienta más.

En México, se reporta que las empresas en promedio destinan poco menos del 2% del total de sus ingresos a invertir en tecnología [NetSD, 2021]. El número se considera bajo, pero al menos es un estándar contra el cual se pueden comparar los presupuestos de la empresa a analizar.

Entre los indicadores a analizar están:

- Presupuesto total del área de TI
- Sueldos del personal
- Gastos de operación
- Gasto en capacitación
- Gastos de mantenimiento
- Inversión en hardware
- Inversión en telecomunicaciones
- Inversión en software de sistema
- Inversión en aplicaciones

Desde el punto de vista del área de TI, se puede suponer que una empresa que invierte en tecnología está encontrando valor en las soluciones que esta área proporciona.

6.5.- Activos tecnológicos

Generalmente la primera actividad en el proceso de planeación de sistemas es realizar un inventario de equipos de cómputo, redes y software en operación. Esto muestra el estado actual de la empresa en términos de tecnología. Es importante mantener esta información actualizada para ver la evolución de la adopción tecnológica en la empresa y compararla contra estándares del mercado.

Los activos tecnológicos de la empresa incluyen el hardware, software, sistemas integrados y sistemas de comunicaciones. Desde el punto de vista de hardware, es importante catalogar el número de servidores, estaciones de trabajo y periféricos disponibles y ver su evolución en el tiempo. Una métrica utilizada para comparar entre empresas es el número de estaciones de trabajo o PC's por cada cien empleados. En algunos negocios el número debe ser 1-1 o mejor, en otros podría ser hasta de un equipo por cada diez empleados, dependiendo del tipo de industria en la que se trabaje.

El análisis de software debe catalogar las aplicaciones en aplicaciones estándar y aplicaciones hechas a la medida. Los proyectos en desarrollo se pueden presentar en una línea de tiempo para ver las fechas esperadas de entrega de cada uno de sus módulos.

Un indicador importante, además del número de estaciones de trabajo y programas, es la edad de cada pieza de hardware y software. Plataformas tecnológicas antiguas pueden resultar bombas de tiempo listas para fallar en el peor momento posible. Igual pasa con el software. Software muy antiguo, que ha sido modificado incontables veces puede ya ser inentendible y sufrir una falla catastrófica durante la siguiente serie de ajustes por mantenimiento. Algunas veces es conveniente simplemente volver a escribir una pieza de software antiguo para simplificar mantenimientos subsecuentes.

6.6.- Impacto de TI

Esta serie de indicadores se refieren más a los impactos directos de la tecnología en la empresa. Se miden aspectos tales como número de clientes atendidos, transacciones procesadas, visitas al sitio web, órdenes completadas, tiempo total del ciclo de ventas, número de excepciones solicitadas.

Desde el punto de vista de procesos, se puede medir los proyectos en los que se ha trabajado, las horas invertidas, los departamentos involucrados, iniciativas de cambio y cursos de capacitación ofrecidos.

En lo que toca al análisis de datos y soporte de decisiones, indicadores como número de consultas, reportes especiales solicitados, y estaciones de trabajo en uso por ejecutivos pueden ser indicadores importantes.

Para el área de TI, un indicador importante de su desempeño es la opinión de sus usuarios. Usuarios satisfechos son un indicador de buen desempeño y buenos resultados. Si se considera que este indicador es relevante, resulta importante implementar encuestas de salida de los proyectos y revisiones periódicas de las opiniones de los clientes respecto a las aplicaciones en funcionamiento.

6.7.- Desempeño organizacional

Los indicadores de desempeño organizacional pueden ser más difíciles de identificar pues muchas veces los beneficios no surgen de la tecnología, sino del uso que se le da a la información, e incluyen elementos fuera del control del área de tecnología. Sin embargo, es importante analizar la cantidad, calidad y oportunidad de la información que se está proporcionando, y el número y distribución de los usuarios en la organización.

Entre los datos a medir en este rubro se encuentran los elementos de competitividad que se trazaron como objetivos durante la fase de planeación de sistemas. Medidas como porcentaje del mercado que posee la empresa, valor de las acciones, opinión de los clientes finales sobre la calidad del servicio de la empresa, y premios de la industria. Estos indicadores pueden brindar datos interesantes del impacto de la tecnología en la organización.

Minicaso: ¿Quién se pone la medalla?

En 2019, por iniciativa del área de sistemas, el gerente de ventas asistió a una conferencia de tecnología y encontró una aplicación que podría mejorar el servicio telefónico a los clientes. Al recibir una llamada, en base al número del teléfono que llamaba, se podía identificar al cliente y, si ya estaba registrado, el agente de ventas podía ver todo su historial en la pantalla antes que el cliente dijera su primera palabra.

Luego de gran esfuerzo por el área de sistemas y el área de ventas, el software se puso en operación a inicios de 2020. En marzo de 2020 se declaró una emergencia sanitaria por el virus COVID19 y las personas tuvieron que aislarse. Las ventas telefónicas repuntaron.

Se puede argumentar que las ventas subieron por efecto del aislamiento forzado por la emergencia sanitaria, o por el trabajo del personal de ventas que supo estar ahí en el momento correcto. El área de sistemas dice que ellos son los responsables por el aumento de las ventas telefónicas. ¿Quién tiene la razón?

6.8.- Riesgo

Como se discute arriba, hay diferentes tipos de riesgos en la operación de una empresa [Kohli y Sherer, 2002]

- **Riesgos técnicos:** Pueden ocurrir fallas en la tecnología, la empresa puede quedar algún tiempo fuera de línea.
- **Riesgos de proyectos:** Muchos proyectos informáticos se retrasan por fallas en las especificaciones o por lo complejo de las soluciones propuestas.

- **Riesgos organizacionales y políticos:** Un sistema perfectamente saludable puede no ser utilizado, o utilizarse en forma errónea, por falta de capacitación, fallas en la implementación de cambios, o por que cambia el balance de fuerzas políticas en la organización.
- **Riesgos competitivos:** Algún competidor puede obtener acceso a información confidencial, o cambiar las fuerzas competitivas del mercado.
- **Riesgos de seguridad / desastres:** Pude existir vulnerabilidad a ataques cibernéticos, o vulnerabilidad a fallas causadas por desastres naturales como incendios, inundaciones o terremotos en la localidad donde se encuentran los centros de datos.
- **Riesgos de colaboración:** La información necesaria para colaborar puede no estar disponible o no compartirse correctamente.

La tecnología puede funcionar para incrementar o reducir alguno de estos riesgos. Es importante medir la exposición que tiene la organización a posibles riesgos en base a las aplicaciones y configuraciones tecnológicas en uso.

Minicaso: Líneas de comunicación por el Paso de Cortés

En México, un lugar con gran atractivo turístico es el Paso de Cortés. Bautizado en honor a Hernán Cortés, es un punto estratégico que conecta diferentes partes de México. Se encuentra a 3600 metros de altura sobre el nivel del mar y está rodeado por majestuosas montañas: el Popocatépetl y el Iztaccíhuatl.

Al ser un punto estratégico para la comunicación en México, varios bancos usaron esa ruta para colocar sus líneas de datos. Sin embargo, ambas montañas son volcanes activos y, luego de estar dormido por gran parte del siglo XX, el Popocatépetl entró en actividad en 1991 y el Gobierno Mexicano tuvo que preparar planes de evacuación en caso de una erupción mayor.

Los bancos se dieron cuenta que su operación dependía de una línea que estaba en una zona de riesgo y tuvieron que analizar su tolerancia al riesgo.

¿Deberían esos bancos replantear su estrategia de inversión en comunicaciones?

6.9.- ¿Qué indicador es más importante?

Todos los indicadores dicen algo de la operación de la tecnología en la organización, sin embargo, a menos que se trate de una empresa grande con personal dedicado tiempo completo a recopilar información de los indicadores, es muy probable que se tenga que elegir aquellos indicadores más relevantes para darles seguimiento y reportar a la alta administración como resultados del área de TI.

Hay tres áreas que generalmente son de interés para los accionistas: Impacto en los ingresos, mejoras en la eficiencia, y reducción de riesgos [Naegle y Ganly, 2020]. La sugerencia es que se elijan de tres a cinco indicadores en cada uno de estos tres rubros como un punto de arranque para mostrar el impacto de la tecnología.

Otros indicadores como presupuesto y activos, aunque no sean tan críticos para los accionistas al principio, también se deben recopilar para medir la salud general de los sistemas en la empresa.

Una recomendación es que es preferible medir algo que no medir nada. La calidad de los indicadores puede ir mejorando con el tiempo y se pueden incluir paulatinamente aquellos indicadores que brinden una mejor idea del desempeño del área de TI. Comience por reportar algo y conforme vaya viendo valor en la información, y recibiendo retroalimentación de la alta dirección, mejore sus indicadores.

6.10.- Resumen
- La falta de medición de resultados limita el aprendizaje organizacional (no sabemos si las cosas se están haciendo bien, ni cómo mejorar), y complica el conseguir fondos para proyectos futuros (no hay pruebas que las inversiones estén produciendo los resultados esperados).
- Es difícil medir resultados pues pueden estar entremezclados con el desempeño organizacional, puede tomar tiempo antes de ver los resultados, pueden cambiar el balance de riesgos en la organización.
- Entre los indicadores a considerar están:
    - Inversión en tecnología
    - Activos tecnológicos (número y edad)
    - Impacto de TI
    - Desempeño organizacional
    - Riesgos

- Es preferible medir algo que no medir nada.
- La calidad de los indicadores puede ir mejorando con el tiempo y se pueden incluir paulatinamente aquellos indicadores que brinden una mejor idea del desempeño del área de TI.
- Comience por reportar algo y conforme vaya viendo valor en la información, y recibiendo retroalimentación de la alta dirección, mejore sus indicadores.

6.11.- Ejercicios de repaso

Preguntas

1. ¿Por qué es importante la medición de resultados de TI?
2. ¿Por qué es difícil medir los resultados de TI?
3. ¿Cuáles son los indicadores más relevantes de los siguientes elementos?:
   o Inversión en tecnología
   o Activos tecnológicos (número y edad)
   o Impacto de TI
   o Desempeño organizacional
   o Riesgos

Ejercicios

1. Busque indicadores de inversión en tecnología como porcentaje de ventas en diferentes industrias.
2. Busque indicadores de penetración de tecnología en las empresas (uso y volumen).
3. Entreviste a algún profesional de TI y pegúntele qué indicadores reporta el área de TI en su empresa.

Módulo III

Administración de TI

Capítulo 7

COBIT

"¿Por qué, podrían preguntarse, no reconocí los hechos mencionados, antes del 11 de septiembre? La respuesta, lamentablemente, es que sí lo hice, pero no convertí el pensamiento en acción. Violé la regla de Noé: predecir la lluvia no cuenta; construir arcas sí."

Warren Buffett, Carta del director a los accionistas, Berkshire Hathaway, Inc., febrero 2002.

7.1.- Objetivos de aprendizaje

- Conocer qué es y por qué es importante COBIT.
- Saber cómo ha evolucionado el estándar COBIT.
- Conocer lo que busca COBIT tanto en gobierno corporativo de TI como en administración de TI.
- Identificar los dominios y objetivos de COBIT.
- Conocer, en términos generales, cuáles son los componentes de la descripción de cada objetivo de COBIT.

7.2.- ¿Qué es COBIT?

COBIT (Control Objectives for Information and related Technology) es un marco de referencia (framework) para gobierno y administración de TI, diseñado para ayudar a las organizaciones a crear valor a partir de sus iniciativas de TI, administrar mejor sus riesgos, y optimizar sus recursos [ISACA, 2018].

Inicialmente publicado en 1996, COBIT era un marco de referencia para la auditoría de tecnologías. Sin embargo, la idea era que el modelo evolucionaría en etapas. En 1998, COBIT 2 brindó orientación adicional sobre controles de TI. COBIT 3 fue lanzado como un marco de gestión en 2000. COBIT 4 en 2005 fue un marco de gobierno de TI completo. COBIT 5 se lanzó en 2012 como un marco integral de prácticas, herramientas analíticas y modelos aceptados a nivel mundial, e incluyó mejoras para facilitar la alineación de la estrategia empresarial general con la estrategia de TI. Más recientemente, ISACA presentó COBIT 2019 a fines de 2018, utilizando un modelo de madurez basado en la integración del modelo de madurez de capacidad de CMMI e incluyendo actualizaciones alineadas con los últimos estándares de la industria, así como una guía de diseño que ayuda a las organizaciones a adaptar un sistema de gobernanza a sus necesidades [ISACA, 2021].

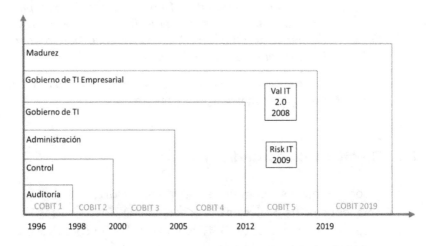

Figura 7.1.- Evolución de COBIT. Adaptado de Harmer [2013].

Entre las ventajas que ofrece COBIT está que es un marco de referencia único que alcanza desde la gobernanza hasta la administración. Es un modelo que ha madurado con el tiempo, y posee una perspectiva de negocio que permite expandir su impacto más allá de TI.

Lo que COBIT no hace, es describir completamente toda el área de tecnología de información de la empresa, tampoco es un marco de referencia para administrar toda la tecnología de la organización. Adicionalmente, COBIT no es un marco de referencia para organizar procesos de negocio [Lainhart, 2018].

7.3.- Dominios y objetivos de COBIT

Una característica de la última versión de COBIT, es que separa el gobierno corporativo de TI de la administración de TI [ISACA, 2018].

El gobierno corporativo de TI se asegura que:

- Las necesidades, condiciones y opciones de los accionistas se evalúen para determinar objetivos empresariales equilibrados y acordados.
- La priorización y la toma de decisiones establece la dirección a seguir.
- El desempeño y el cumplimiento se miden contra la dirección y los objetivos acordados.

La administración de TI planea, construye, ejecuta y supervisa las actividades, en consonancia con la dirección establecida por el órgano de gobierno, para alcanzar los objetivos de la empresa.

COBIT identifica 40 objetivos que se pueden agrupar en 5 dominios, cuatro de ellos en administración y uno en gobernanza:

- Objetivos de gobernanza
  - EDM – Evaluar, Dirigir y Monitorear
- Objetivos de administración
  - APO – Alinear, Planear y Organizar
  - BAI – Construir (Build), Adquirir, Implementar
  - DSS – Entregar (Deliver), Servir y Soportar
  - MEA - Monitorear, Evaluar y Medir (Assess)

Un enfoque de algunas empresas de consultoría es ayudar a las organizaciones a pasar de la planeación estratégica a los resultados de operación. En el mundo de COBIT, esto representa el camino desde EDM a MEA [Edmead, 2020].

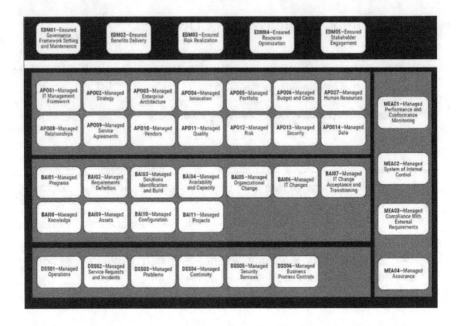

Figura 7.2.- Objetivos de gobernanza y administración de COBIT [ISACA 2018]

7.4.- Información detallada de cada objetivo

El documento describe cada uno de los 40 objetivos.

Para cada objetivo se especifica lo siguiente:

-. Información de alto nivel

A. Procesos
B. Estructura Organizacional
C. Flujos de Información
D. Personas, Habilidades y Competencias
E. Políticas y Procedimientos
F. Cultura, Ética y Comportamiento
G. Servicios, Infraestructura y Aplicaciones

Información de alto nivel

La información de alto nivel describe, en términos generales, el objetivo, su enfoque y propósito. La información detallada en el marco de referencia para cada uno de los objetivos incluye:

- Nombre del dominio
- Área de enfoque
- Nombre del objetivo (de gobernanza o de administración)
- Descripción
- Propósito
- Objetivos empresariales y de alineación
- Ejemplos de métricas de objetivos

Una de las características de COBIT es que provee información detallada de los objetivos empresariales y de alineación, además de las métricas que se pueden usar para cada uno. Estos objetivos forman una cascada. Las necesidades de los accionistas se convierten en estrategias empresariales que se convierten en objetivos de alineación que guían los objetivos de gobernanza o administración.

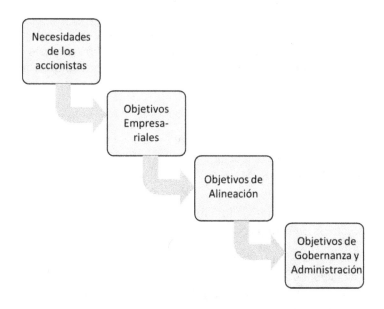

Figura 7.3.- Cascada de objetivos [Edmead, 2020]

Por ejemplo, el objetivo APO03 – Arquitectura Empresarial Administrada lleva los siguientes datos [ISACA, 2018]:

- Nombre del dominio: Align, Plan and Organize
- Área de enfoque: COBIT Core Model
- Nombre del objetivo (de gobernanza o de administración): APO03 — Managed Enterprise Architecture
- Descripción: Establecer una arquitectura común que incluya procesos de negocio, información, datos, aplicaciones y capas de arquitectura tecnológica. Crear modelos y prácticas clave que describan las arquitecturas de referencia y objetivo, en línea con la estrategia empresarial y de I&T. Definir los requisitos para taxonomías, estándares, pautas, procedimientos, plantillas y herramientas; y proporcionar un vínculo para estos componentes. Mejorar la alineación, aumentar la agilidad, mejorar la calidad de la información y generar ahorros de costos potenciales a través de iniciativas como la reutilización de componentes básicos.
- Propósito: Representar los diferentes componentes básicos que componen la empresa y sus interrelaciones, así como los principios que guían su diseño y evolución a lo largo del tiempo, para permitir una entrega estándar, receptiva y eficiente de los objetivos operativos y estratégicos.

El documento luego muestra los objetivos empresariales y los objetivos de alineación, seguidos de métricas ejemplo para cada uno. En este caso, los objetivos empresariales de APO03 - Arquitectura Empresarial Administrada son:

- EG01 Portafolio de productos y servicios competitivos
- EG05 Cultura de servicio orientada al cliente
- EG08 Optimización de la funcionalidad de los procesos comerciales internos
- EG12 Programas de transformación digital gestionados

Y los objetivos de alineación son:

- AG06 Agilidad para convertir los requisitos comerciales en soluciones operativas
- AG08 Habilitar y respaldar los procesos comerciales mediante la integración de aplicaciones y tecnología

A. Procesos

La siguiente sección en cada objetivo es describir los procesos que lo componen. Para cada proceso se listan:

- Actividades administrativas y ejemplo de métricas
- Actividades
- Apoyos relacionados (estándares, marcos de referencia, compilaciones de requerimientos) y referencias detalladas

Para el objetivo APO03 – Arquitectura Empresarial Administrada se incluyen cinco procesos:

- APO03.01 Desarrollar la visión de la arquitectura empresarial.
- APO03.02 Definir arquitectura de referencia.
- APO03.03 Seleccionar oportunidades y soluciones.
- APO03.04 Definir la implementación de la arquitectura.
- APO03.05 Proporcionar servicios de arquitectura empresarial.

B. Estructura Organizacional

La estructura organizacional se presenta en una matriz donde, en el eje vertical se colocan los procesos identificados en la sección anterior y en el eje horizontal se listan las estructuras organizacionales o roles individuales involucrados. La intersección de los dos ejes muestra el nivel de responsabilidad de cada unidad/individuo por cada proceso. Los niveles de responsabilidad son:

- **Responsible (R):** Es el encargado de operar la práctica y producir los resultados.
- **Accountable (A):** Es el responsable último por el trabajo realizado, este tipo de responsabilidad no se puede delegar.
- **Consulted (C):** Provee información para la práctica.
- **Informed (I):** Recibe información de los resultados.

La figura 7.4 muestra la tabla de estructura organizacional para el objetivo APO03 – Arquitectura Empresarial Administrada.

B. Component: Organizational Structures								
Key Management Practice	Chief Operating Officer	Chief Information Officer	Chief Technology Officer	Chief Digital Officer	I&T Governance Board	Architecture Board	Data Management Function	Head Architect
APO03.01 Develop the enterprise architecture vision.		R	R	R	R	A	R	R
APO03.02 Define reference architecture.		R	R	R	R	A	R	R
APO03.03 Select opportunities and solutions.		R	R	R	R	A	R	R
APO03.04 Define architecture implementation.	R	R	R	R	R	A	R	R
APO03.05 Provide enterprise architecture services.	R	R	R	R	R	A		R
Related Guidance (Standards, Frameworks, Compliance Requirements)	Detailed Reference							
The Open Group Standard TOGAF version 9.2, 2018	41. Architecture Board							

Figura 7.4.- Tabla de estructura organizacional para el objetivo APO03 – Arquitectura Empresarial Administrada [ISACA 2018].

C.   Flujos de Información

La sección de flujos de información lista los elementos de información ligados a la práctica. Cada proceso tiene entradas y salidas. La tabla muestra la descripción del elemento y su fuente o destino.

Cada proceso del objetivo "APO03 – Arquitectura Empresarial Administrada" tiene flujos de información. Por ejemplo, el proceso "APO03.01 Desarrollar la visión de la arquitectura empresarial" tiene, entre otros, una entrada que se llama Estrategia Empresarial, que proviene de fuera de COBIT y entre sus salidas están los principios de arquitectura, cuyo destino son los procesos BAI02.01, BAI03.01 y BAI03.02.

D.   Personas, Habilidades y Competencias

En esta sección se identifican los recursos humanos necesarios para ejecutar los procesos y las habilidades que debe tener cada participante. En el ejemplo que se está siguiendo en esta sección, se listan cinco habilidades que requerirán las personas involucradas en estos procesos: diseño de arquitecturas, análisis de datos, arquitectura empresarial y de negocios, planeación de productos o servicios, y arquitectura de soluciones.

E.   Políticas y Procedimientos

Esta sección lista las políticas y procedimientos que resulten relevantes para el objetivo. Se lista el nombre y una descripción de la política o procedimiento. Se lista la política, su descripción, la guía relacionada y la referencia detallada. EN el caso de "APO03.01 Desarrollar la visión de la arquitectura empresarial", se lista como política relevante "principios de arquitectura" y se hace referencia a TOGAF versión 9.2, 2018.

F.   Cultura, Ética y Comportamiento

Este segmento proporciona una guía de los elementos culturales, dentro de la organización que apoyan el logro del objetivo. En el ejemplo que se está analizando en esta sección, el elemento cultural que se lista es:

> Crear un entorno en el que la dirección comprenda las necesidades arquitectónicas en relación con las metas y los objetivos comerciales. Impulsar la práctica eficaz de la arquitectura empresarial en toda la organización (no solo por parte de arquitectos empresariales). Garantizar un enfoque holístico que vincule los componentes de manera más fluida (por ejemplo, alejándose de los equipos dedicados de especialistas en aplicaciones).

G.   Servicios, Infraestructura y Aplicaciones

Lista las aplicaciones, equipos, o servicios de terceros que se pueden aplicar para apoyar el logro de los objetivos. Para el caso de "APO03.01 Desarrollar la visión de la arquitectura empresarial", la aplicación que se lista es un repositorio de arquitectura.

7.5.- Casos de éxito usando COBIT

ISACA, la organización que mantiene el estándar COBIT, publica en su página de Internet estudios de caso donde describe la forma en que el marco de referencia ha sido usado con éxito por empresas alrededor del mundo. La información está disponible en: https://www.isaca.org/resources/cobit/cobit-case-studies . Entre los casos más interesantes se encuentran los siguientes:

Minicaso: Red Europea de Operadores de Sistemas de Transmisión de Electricidad (ENTSO-E) [ISACA, 2021].

El director de TI de la Red Europea de Operadores de Sistemas de Transmisión de Electricidad (ENTSO-E) adoptó un enfoque pragmático para implementar COBIT 5 en la organización a partir de 2014. Adoptando un enfoque práctico para implementar un programa de gobernanza de TI empresarial (GEIT) basado en COBIT 5, ENTSO-E se centró en priorizar los procesos, el desarrollo de estos procesos y, lo más importante, los problemas prácticos a superar durante la implementación de una nueva forma de trabajar. Para más información consulte: https://www.isaca.org/resources/news-and-trends/industry-news/2016/implementing-cobit-5-at-entso-e

---

Minicaso: Aduana de Dubái [ISACA, 2021].

La Aduana de Dubái es responsable de facilitar el comercio y ayudar a asegurar la integridad de las fronteras de Dubái contra los intentos de contrabando. Para respaldar los objetivos comerciales de manera efectiva, se alienta a los departamentos individuales dentro de la Aduana de Dubái a buscar, prepararse e implementar (por su cuenta) las mejores prácticas globales que sean relevantes para esa división. A lo largo de los años, la Aduana de Dubái ha utilizado una serie de marcos de referencia y cada uno de ellos es administrado por departamentos diferentes de la organización. La administración de Aduanas de Dubái determinó que sería mejor tener un único marco de gobernanza integrado y un sistema que funcione en toda la organización, capaz de conectar las mejores prácticas implementadas y brindar valor a toda la organización. Se acordó COBIT 5 como el marco preferido. Para mayor información consulte: https://www.isaca.org/resources/news-and-trends/industry-news/2016/dubai-customs-cobit-5-implementation

7.6.- Resumen

- COBIT (Control Objectives for Information and related Technology) es un marco de referencia (framework) para gobierno y administración de TI, diseñado para ayudar a las organizaciones a crear valor a partir de sus iniciativas de TI, administrar mejor sus riesgos, y optimizar sus recursos.
- COBIT identifica 40 objetivos que se pueden agrupar en 5 dominios, cuatro de ellos en administración y uno en gobernanza:
  - Objetivos de gobernanza
    - o EDM – Evaluar, Dirigir y Monitorear
  - Objetivos de administración
    - o APO – Alinear, Planear y Organizar
    - o BAI – Construir (Build), Adquirir, Implementar
    - o DSS – Entregar (Deliver), Servir y Soportar
    - o MEA - Monitorear, Evaluar y Medir (Assess)
- El gobierno corporativo de TI se asegura que Las necesidades, condiciones y opciones de los accionistas se evalúen para determinar objetivos empresariales equilibrados y acordados. La priorización y la toma de decisiones establece la dirección a seguir. El desempeño y el cumplimiento se miden contra la dirección y los objetivos acordados.
- La administración de TI planea, construye, ejecuta y supervisa las actividades, en consonancia con la dirección establecida por el órgano de gobierno, para alcanzar los objetivos de la empresa.
- Para cada objetivo se incluye información de:
  - -. Información de alto nivel
  A. Procesos
  B. Estructura Organizacional
  C. Flujos de Información
  D. Personas, Habilidades y Competencias
  E. Políticas y Procedimientos
  F. Cultura, Ética y Comportamiento
  G. Servicios, Infraestructura y Aplicaciones

7.7.- Ejercicios de repaso

Preguntas

1. ¿Qué significa COBIT?
2. ¿Cómo surgió COBIT?
3. ¿Para qué sirve COBIT?
4. ¿Cuántos objetivos tiene COBIT?
5. ¿Cuáles son los cinco dominios y dos áreas en los que se organizan los 40 objetivos de COBIT?
6. ¿Cuáles son las partes de una descripción de un objetivo de COBIT?

Ejercicios

1. Busca una definición de un objetivo de COBIT diferente al que se muestra en este libro y describe sus partes.
2. Busca una empresa que esté aplicando COBIT.
3. Explora en la página de ISACA alguno de los casos de éxito y reporta en qué consiste. Puedes consultar los casos de éxito en: https://www.isaca.org/resources/cobit/cobit-case-studies

Capítulo 8

Organización de un Área de TI

"Todos los miembros de la organización, para relacionar sus esfuerzos con el bien común, deben comprender cómo encajan sus tareas con la tarea del conjunto. Y, a su vez, deben saber lo que implica la tarea del conjunto para sus propias tareas, sus propios aportes, sus propios rumbos."

Peter F. Drucker, "Management: Revised Edition", 2008

8.1.- Objetivos de aprendizaje

- Apreciar las implicaciones del lugar en el organigrama organizacional donde se coloca el área de TI.
- Identificar las diferentes áreas de un departamento de TI.
- Entender las implicaciones del Desarrollo de nuevas aplicaciones en la estructura organizacional de un área de TI.
- Entender las implicaciones de la operación de las funciones de informática en la estructura organizacional de un área de TI.
- Entender las implicaciones de las tareas administrativas del área de TI en su estructura organizacional.
- Conocer las ventajas y desventajas de tercerizar parte de las funciones del área de TI.
- Conocer las ventajas y desventajas de la decisión de centralizar o descentralizar las funciones del área de TI.

8.2.- Las funciones de un área de TI

Diferentes empresas asignan diferentes funciones al área de tecnologías de información. Para algunas, el área es responsable por equipos de cómputo y aplicaciones, otras empresas incluyen telecomunicaciones (incluyendo telefonía) en la lista de responsabilidades, y otras llegan hasta indicar que la definición de la estructura organizacional de toda la organización es responsabilidad del área de TI.

Independientemente de qué tan inclusiva sea la definición de la función de TI en la empresa, hay dos funciones que son irrenunciables: mantener los sistemas actuales operando y desarrollar nuevas aplicaciones. Dependiendo del tamaño de la empresa y su dependencia en la tecnología, una de las dos áreas (operación o desarrollo) tendrá predominancia en el organigrama.

Otra tarea que no se puede evitar en un área de TI es la administración de la función. Es decir, la dirección de informática. Este puesto se llama CIO o Chief Information Officer.

Dos decisiones importantes que definen la estructura organizacional son: centralizar o descentralizar; y outsourcing o in-house. En este capítulo se discuten las alternativas que existen para organizar el área de TI en la empresa.

8.3.- Nivel en la organización donde se coloca el área de TI

En la mayoría de las empresas hay tres lugares donde se puede encontrar al área de TI en el organigrama general. El director de tecnología (CIO) puede depender del director general (CEO), y estar al mismo nivel que otros directores de línea como el director finanzas (CFO) o el de operaciones (COO). En otras organizaciones el área de tecnología se encuentra a nivel Staff, fuera de la línea de operación de la empresa o dependiendo de planeación (otra área de nivel staff). Sin embargo, en muchas estructuras, generalmente donde TI lleva mucho tiempo operando, el área de tecnología depende del área de finanzas.

Colocar al CIO dependiendo del CEO a nivel línea generalmente muestra que la tecnología es una parte importante de la organización. Algunas empresas dependen de la tecnología para operar. Imagínese un banco sin computadoras, o una tienda en línea sin Internet. En algunas empresas, el área tecnológica es parte de la línea de producción, el producto es altamente tecnológico. En esos casos, es común ver dos áreas de tecnología, una encargada de la producción, y otra para dar servicios internos. En una universidad, por ejemplo, es común ver un área de tecnología educativa (que atiende los procesos de investigación y las clases) y otra de tecnología administrativa, que atiende las operaciones, finanzas y cobros de la universidad.

Cuando el CIO está a nivel staff (o depende de un área staff) generalmente muestra que la tecnología se ve como una necesidad de la organización, pero no como parte del proceso productivo.

En la mayoría de los casos, sobre todo en empresas muy grandes donde el área de TI ha existido como tal por mucho tiempo, es común ver que TI depende de Finanzas. Una razón puede ser porque los primeros equipos de cómputo se usaban para tareas administrativas y fue el área de Finanzas donde primero entraron los equipos a esas empresas. Otra razón puede ser porque el área de finanzas también tiene como tarea el administrar las funciones de oficina de la empresa y el área tecnológica se ve como una función de soporte.

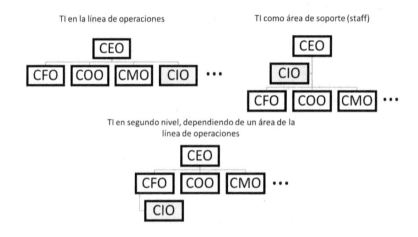

Figura 8.1.- Posibles ubicaciones del área de TI en la organización

8.4.- Actividades de desarrollo de nuevas aplicaciones

Para desarrollar nuevas aplicaciones, se requiere de especialistas en análisis y diseño de sistemas, administración de proyectos, y desarrolladores de software. Si la aplicación va a ser implementada por un proveedor externo, la empresa de cualquier forma necesita alguien que supervise la el desarrollo y maneje la relación con el proveedor.

Algunas veces los analistas se especializan por área funcional, así, es posible tener analistas para compras o para producción. Otras veces forman un pool que ataca proyectos conforme les son asignados.

En una empresa grande, se puede tener un gerente de desarrollo que coordina los diferentes equipos y luego analistas para diferentes áreas funcionales y desarrolladores especializados en diferentes tecnologías (ERP, bases de datos, Web, etc.).

Minicaso: La tecnología en una cadena de tiendas de conveniencia

¿Qué tanto depende una tienda de conveniencia de la tecnología? Al entrar a una tienda de conveniencia, la única tecnología que las personas ven es la caja registradora, pero si se ponen a pensar en las funcione de ese equipo se darán cuenta que es el corazón de la tienda.

Primero: la tienda no solo vende leche y pan. También vende recargas a teléfonos celulares, pagos de servicios públicos, pagos de tarjetas de crédito, y pagos por boletos de avión u otras compras realizadas en Internet. Del 20 al 30 por ciento de las ventas en ese tipo de establecimientos son productos informáticos (que no existen en la tienda).

Segundo: la caja registradora ayuda a llevar el inventario y colocar órdenes de resurtido. Incluso se utiliza para emitir recibos de mercancía a proveedores que entregan productos directo a la tienda, como serían los refrescos o cervezas.

Tercero: Poca gente sabe, pero para el personal de la tienda, la caja registradora es también un centro de entrenamiento. Ahí pueden tomar cursos y realizar trámites con el área de recursos humanos.

Para responder a la pregunta inicial: se puede decir que la tienda no tendría más remedio que cerrar si dejaran de funcionar sus cajas registradoras.

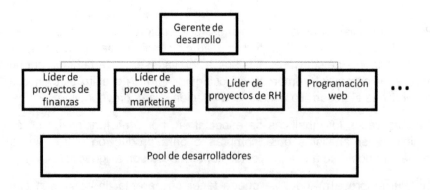

Figura 8.2.- Posible organigrama del área de desarrollo

> **Minicaso: la carrera de un profesional en desarrollo de software**
>
> En una empresa grande, es muy probable que la carrera de un especialista en software comience en el grupo de desarrolladores resolviendo problemas de mantenimiento en alguna aplicación que esté en operación. El siguiente paso es que se especialice en alguna tecnología y se convierta en desarrollador de aplicaciones.
>
> Con algo de experiencia bajo sus brazos, el desarrollador puede convertirse en líder de proyecto encargado de un grupo de desarrolladores atendiendo nuevos desarrollos, para luego seguir como analista de sistemas.
>
> El próximo paso sería convertirse en analista especializado en un área funcional para eventualmente ocupar la gerencia de operaciones.

8.5.- Soporte a la operación

Durante la operación normal de los sistemas, es probable que ocurran problemas o los usuarios tengan dudas de la forma de realizar algún procedimiento. Para esos casos existen las mesas de ayuda (call centers) que son unidades que responden a los usuarios y clasifican los problemas. Un call center puede resolver problemas sencillos, o direccionar la solicitud a las áreas de soporte técnico o desarrollo de sistemas para problemas más complejos.

El área de soporte técnico se forma de especialistas en resolver problemas técnicos o de configuración de software de sistema. Ese grupo también maneja los contratos de mantenimiento de equipos y administra la red. El grupo pude realizar algunas instalaciones sencillas.

Una función muy importante es la de jefe de seguridad informática. Esta función tiene dos responsabilidades: asegurar la continuidad de la operación (en caso de desastres naturales o fallas mayores) y proteger a la empresa en caso de ataques informáticos (incluyendo el crear una cultura de seguridad informática entre el personal).

En empresas muy grandes, hay un responsable del soporte a las operaciones que supervisa al personal de estos grupos.

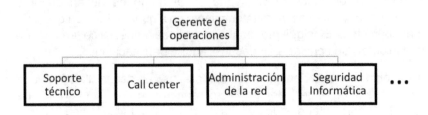

Figura 8.3.- Posible organigrama del área de operaciones

8.6.- Administración de la función informática

Como se menciona arriba, la tarea de administrar la función de informática recae en el director de informática (Chief Información Officer o CIO). Esta persona dirige el departamento, negocia y administra el presupuesto y supervisa la planeación de sistemas. Algunas veces el CIO tiene personal de staff, sobre todo para la planeación de sistemas, el entrenamiento y desarrollo del personal del área y para monitoreo tecnológico.

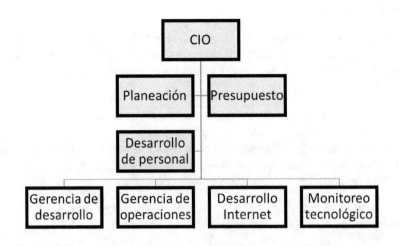

Figura 8.4.- Posible organigrama del área de TI

8.7.- Centralizar o descentralizar

Cuando solo había una computadora por empresa, las funciones debían centralizarse, Solo el área central de TI podía adquirir equipo y definir en qué se iba a trabajar. Sin embargo, pronto surgieron las minicomputadoras, equipos económicos, pero suficientemente poderosos para atender las necesidades de una empresa pequeña o un departamento y comenzó el debate de si los equipos departamentales deberían ser administrados localmente o desde un área central.

Con la llegada de las microcomputadoras, el equipo de cómputo en la empresa ya no era monopolio del área de tecnología. Cualquier departamento podía comprar computadoras y algunos vieron conveniente contratar personal para operar esos equipos y desarrollar sus propias aplicaciones. Adicionalmente, usuarios finales podían crear sus propios programas o usar paquetes disponibles en el mercado.

Entre las ventajas de centralizar las operaciones se encuentran [CIO Source, 2018; Scott, Hill, y Mingay, 2020]:

- Simplifica la integración de soluciones
- Mejor control presupuestal
- Mejor alineamiento entre la plataforma tecnológica
- Mayor seguridad
- Economías de escala

La principal desventaja es que puede ser muy burocrático y está más lejos de los usuarios y sus necesidades.

Entre las ventajas de una operación descentralizada están [CIO Source, 2018; Scott, Hill, y Mingay, 2020]:

Los departamentos funcionales tienen mayor control sobre los proyectos

- Hay mejor integración con la planeación y prioridades departamentales
- Generalmente se obtienen resultados más rápidos

La mayor desventaja de la descentralización es que algunas veces la mejor solución a nivel local no es lo mejor para la organización como un todo, puede llevar a problemas de integración y duplicidad de esfuerzos.

La mayoría de las empresas tienen modelos híbridos (federados), donde ciertas funciones (como infraestructura, contrataciones, mesa de ayuda) son centralizadas mientras que otras (como desarrollo) se descentralizan

[Weill y Ross, 2004]. En general la recomendación es [Scott, Hill, y Mingay, 2020]:

- Optar por la estructura descentralizada si la empresa consta de entidades dispares y desconectadas.
- Elegir una estructura federada donde hay objetivos empresariales compartidos.
- Buscar la estructura centralizada (global) cuando la empresa está unificada en el valor de la tecnología y existe una similitud significativa en toda la empresa.

8.8.- Outsource o in-house

Otra decisión importante, para definir la forma y tamaño de un área de TI, es determinar cuáles funciones se van a realizar con personal propio y cuáles se pueden tercerizar (desarrollar por otra empresa en formato de outsourcing).

Las ventajas de outsourcing son [MJV Team, 2021; Essent, 2021]

- Permite concentrarse en funciones clave para la empresa
- Menor tiempo de implantación
- Facilidad para escalar soluciones
- Mejor control presupuestal
- Acceso a personal con experiencia
- Economías de escala

Las desventajas incluyen [Lozhka, 2021; Executech, 2021]

- Menor control
- Menor calidad
- Posibles fugas de información
- Impacto negativo en la cultura organizacional
- Poco conocimiento de la empresa por parte del tercero

Cualquier decisión tendrá pros y contras. Lo importante al elegir una estructura organizacional es definir qué organización tiene mayores probabilidades de cumplir con los objetivos de la empresa y ejecutar los planes de tecnología, al menor costo, menor riesgo y mayor flexibilidad.

8.9.- Resumen

- Organizacionalmente el área de TI puede estar a nivel de línea y depender del CEO, estar a nivel staff, o depender de un área funcional como finanzas.
- Normalmente el área de TI reporta a un CIO y cuenta con una sección para operaciones, otra para nuevos desarrollos y un grupo encargado de las funciones administrativas internas.
- Una decisión importante es la de centralizar o descentralizar las funciones. La decisión puede ir en una dirección, en la otra o en un modelo mixto dependiendo de la estructura y organización de la empresa.
- Otra decisión importante es la de usar servicios de outsourcing o realizar las funciones internamente. Hay ventajas y desventajas para cada alternativa, la decisión final dependerá de los objetivos que se quiera lograr con el área de TI en la organización.

8.10.- Ejercicios de repaso

Preguntas

1. ¿Cuáles son las diferentes áreas del organigrama de una organización donde puede estar el área de TI y qué implicaciones hay detrás de cada ubicación?
2. ¿Cuáles serían las posibles funciones en un grupo encargado de desarrollo de aplicaciones?
3. ¿Cuáles serían las funciones típicas en un grupo encargado de operación del área de TI?
4. ¿Qué ventajas y desventajas ofrece el centralizar las funciones de TI?
5. ¿Qué ventajas hay en descentralizar la función de TI?
6. ¿En qué se puede basar la decisión de cuáles funciones manejar con personal interno y cuáles usar outsourcing?

Ejercicios

1. Encuentra el organigrama del área de TI de una empresa, identifique las decisiones clave que se tomaron para su diseño y

explique, en el contexto de la empresa, por qué esas decisiones fueron necesarias.
2. Investiga el organigrama del área de TI de una empresa mediana y de una empresa grande.
3. Busca el organigrama de TI de un Banco.
4. Investiga el organigrama del área de TI de una empresa de ventas al menudeo.

Capítulo 9

Desarrollo de Sistemas

"Apresurarse en la fabricación sin estar seguro del producto es la causa no reconocida de muchos fracasos empresariales. La gente parece pensar que lo importante es la fábrica, o la tienda, o el respaldo financiero, o la administración. Lo importante es el producto, y cualquier prisa en comenzar la fabricación antes de que se completen los diseños es sólo mucha pérdida de tiempo".

Henry Ford, "Mi Vida y Obra", 1922

9.1.- Objetivos de aprendizaje

- Describir el ciclo de vida del desarrollo de sistemas.
- Conocer las ventajas y desventajas del desarrollo por prototipos.
- Conocer las ventajas y desventajas del desarrollo por usuarios finales.
- Entender los niveles de automatización.
- Identificar los factores críticos de éxito para un proyecto de desarrollo de un sistema de información.
- Apreciar la importancia del apoyo de la alta administración en proyectos.
- Entender el valor del apoyo de las áreas operativas en proyectos.
- Conocer el modelo CMMI, su uso y sus fases de maduración.

9.2.- El ciclo de vida de desarrollo de sistemas

Una vez que se crea el plan de informática, el siguiente paso es ponerlo en práctica. Planes que no se aplican son solo un sueño. Sin embargo, la creación de soluciones informáticas no es un problema trivial. Requiere la interacción de usuarios, analistas, programadores y especialistas en hardware. Existen diferentes metodologías que se pueden usar para crear el sistema y su elección depende de la complejidad del problema, la disponibilidad de la tecnología, el presupuesto y el tiempo disponible para su desarrollo y puesta en marcha.

El proceso para crear y poner en marcha (implementar) un sistema de información se conoce como el **ciclo de vida de desarrollo de sistemas** o Software Development Lice Cycle (SDLC por sus siglas en inglés). La figura 9.1 ilustra los pasos del proceso [Kendall & Kendall, 2005; Laudon & Laudon, 2019].

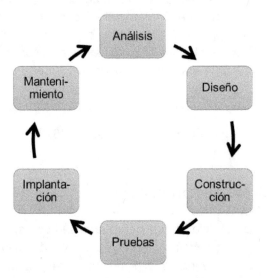

Figura 9.1 – Fases del ciclo de vida de desarrollo de sistemas (SDLC)

Las fases del ciclo de vida de desarrollo de sistemas son las siguientes:

Análisis: define qué se va a hacer

Diseño: responde a la pregunta de cómo va a operar el sistema

Construcción: asegura que se compre, rente o fabrique el software especificado en las dos fases anteriores

Pruebas: asegura que el sistema en su totalidad (personas, hardware y software) funcionen bien en conjunto y con las cargas de trabajo esperadas.

Implantación: pone el nuevo sistema a operar en la empresa y administra el cambio, de la antigua forma de hacer las cosas a la nueva.

Mantenimiento: Se asegura que el sistema se mantenga funcionando y de las respuestas correctas; corrigiendo los errores que se encuentren, pero también reaccionando ante cambios en los requerimientos.

A continuación, se desglosa cada una de las fases identificadas.

La fase de análisis

En esta fase se define qué es lo que se quiere que haga el nuevo sistema. Aquí no nos preocupamos por cómo se va a realizar esa función (eso es la siguiente fase) solo vemos qué información se necesita, quién la requiere y qué se va a hacer con ella.

Algunas veces el análisis nos puede llevar a concluir que la solución no es simplemente automatizar los procesos actuales, sino que se requiere rediseñarlos completamente. Incluso, luego de analizar lo que se hace, se puede llegar a la conclusión que la información que se maneja no es la mejor. De cualquier forma, de esta fase surge el diseño del "qué debe hacer el sistema de información".

La fase de Diseño

Durante el diseño de un sistema de información el foco se centra en responder a la pregunta: "¿cómo va a funcionar el sistema?". Ya sabiendo qué hacer (de la fase anterior) en esta etapa se decide quién produce la información, cómo se procesa, qué productos se generan y el flujo de datos del proceso. Se deben definir los componentes y la forma en que van a interactuar entre ellos. La documentación del diseño debe ser suficientemente detallada como para que, en la siguiente fase, se pueda construir el sistema sin problema.

La etapa de Construcción

Lo primero que se hace en esta etapa es ver si hay un programa, disponible en el mercado, que funcione o se pueda ajustar a nuestras necesidades. Si lo hay, se compra o renta; si no existe, habría que desarrollarlo. En esta fase de adquiere o programa el software necesario para que el sistema funcione como está diseñado. El software debe estar funcionando sin errores antes de pasar a la siguiente etapa.

En algunos casos, como sucede con los sistemas empresariales (ERP), es posible comprar una solución (o parte de ella) y configurarla, o adaptarla, para que cumpla con las necesidades de nuestra empresa.

Si el diseño tiene suficiente nivel de detalle, es posible enviar las especificaciones a fábricas de software externas, donde programadores desarrollan las aplicaciones solicitadas. Las Fábricas pueden estar en cualquier parte del mundo y, generalmente, se colocan en lugares donde hay personal capacitado disponible y dispuesto a trabajar por un sueldo menor. Esta práctica se conoce como **outsourcing o tercerización**.

La etapa de pruebas

Incluso si cada pieza de software funciona, hay que probar el sistema completo, es decir, operar el proceso desde el punto donde se origina la información hasta donde se generan los resultados. Hay que asegurar que todos los componentes (humanos y mecánicos) funcionan correctamente y pueden interactuar juntos sin problema.

Es importante también hacer pruebas con cargas normales de trabajo. Algunas veces el software funciona muy bien con una o dos transacciones, pero si en la vida real tendría que procesar cientos o miles de transacciones, es importante asegurar que el sistema no fallará durante la operación.

La etapa de Implantación

La fase siguiente consiste en poner a funcionar el sistema diseñado. Normalmente, en una empresa, ya existe una forma de hacer las cosas y cierta información que se genera. Un nuevo sistema representa un cambio. En esta fase, es importante capacitar al personal que va a utilizar el nuevo sistema y planear la forma en la que se realizará el cambio del sistema anterior al nuevo.

Hay tres formas principales de hacer la transición: se puede hacer de un solo golpe (un día se apaga el sistema anterior y se prende el nuevo) esta opción es económica pues requiere poco gasto en la transición, pero muy arriesgada. Si el nuevo sistema no funciona o presenta problemas esto representaría un desastre.

La segunda forma es correr los dos sistemas, el viejo y el nuevo, en paralelo por un tiempo. Esta opción es segura pues solo se apaga el sistema anterior si el nuevo demuestra que funciona. Pero es muy cara ya que requiere el doble de trabajo por un tiempo.

La tercera alternativa es una implantación por etapas. Si el sistema se puede separar en partes, es posible implementar un módulo en un departamento y luego seguir con los demás. Ya con el primer módulo en su lugar se puede instalar el siguiente, y así sucesivamente hasta completar la instalación del sistema completo.

La fase de mantenimiento

Una computadora se puede descomponer, o un disco se puede dañar, y eso requiere mantenimiento. Pero, ¿qué significa dar mantenimiento a un proceso, o al software? Los programas siempre hacen lo mismo, normalmente no se modifican solos. Mantenimiento de software y procesos implica dos actividades: corregir cualquier error que no se haya detectado en la fase de pruebas; y asegurarse que el sistema cumpla con brindar la información relevante, completa y oportuna. Es decir, que la información siga siendo útil para tomar decisiones.

El problema es que las decisiones que apoya un sistema normalmente ocurren en el mundo real, y este cambia, así que lo que era información útil ayer, hoy puede no serlo tanto. El sistema se debe modificar para que siga proporcionando la información que se necesita dadas las cambiantes condiciones del ambiente donde existen las decisiones que apoya. Otro tipo de cambio es cuando las condiciones del proceso cambian, como cuando aparece un impuesto nuevo, o cambia una tasa de interés.

Eventualmente, las condiciones cambian demasiado, o surgen nuevas oportunidades, lo que provoca un requerimiento por un nuevo sistema de información. Esto reinicia el ciclo.

9.3.- El desarrollo por prototipos

El ciclo de vida de desarrollo de sistemas requiere que se pueda identificar y definir claramente las necesidades del usuario antes de pasar a las etapas de desarrollo. Esta metodología funciona bien para sistemas grandes con altos niveles de complejidad, pues ayuda a dividir un problema en partes e identificar posibles soluciones. Sin embargo, el proceso toma mucho tiempo y requiere que se entienda bien la problemática antes de iniciar el desarrollo de las soluciones.

En el ambiente de toma de decisiones, algunas decisiones que requieren soporte llegan de improvisto y se deben tomar en un lapso corto de tiempo (lo que haría inviable el seguir una metodología completa de desarrollo).

Por otra parte, algunas problemáticas son tan únicas que es difícil conocer lo que se necesita para resolverlas por adelantado.

Si una persona quiere comprar un traje, difícilmente irá a una tienda con la lista de especificaciones de lo que quiere. El método más común es que vea lo que hay en la tienda y se prueba algunos modelos hasta que encuentre lo que está buscando. Con software puede ocurrir un fenómeno parecido. Si es difícil que un usuario sepa exactamente lo que necesita, quizá deba probar diferentes modelos hasta encontrar lo que busca.

La técnica a usar en estos casos se llama diseño por prototipos. El diseño por prototipos consiste en construir de forma rápida y económica un sistema experimental que se puede usar para evaluar la funcionalidad requerida [Laudon & Laudon, 2019]. No tiene que ser un sistema funcional, pueden ser solo una serie de imágenes de lo que se vería en la pantalla para que el usuario pueda sentir la funcionalidad propuesta.

El proceso es iterativo. Se diseña el primer prototipo, se prueba, se hacen correcciones y se vuelve a presentar. El proceso se repite hasta encontrar una versión aceptable.

Una vez completado el proceso, si se desarrolló un sistema funcional, se puede proceder a estabilizarlo, documentarlo y entregar al usuario final. La otra alternativa es usar el prototipo como las especificaciones del sistema deseado, que luego se procede a construir, probar e implementar.

9.4.- Desarrollo por usuarios finales

Algunos tipos de sistemas se pueden construir directamente por los usuarios finales usando macros en Excel o diseñando paneles de control en Tableau, por ejemplo. La ventaja es que, al involucrarse el usuario final, estos sistemas tienen más fácil aceptación. El problema estriba en que, al no ser construidos con los procesos formales, es común que los sistemas diseñados por un usuario final puedan tener fallas, no puedan procesar grandes volúmenes de información, o sean útiles solamente para una persona o una decisión en particular.

Es común que los sistemas diseñados por usuarios finales no tengan planes de contingencia en caso que se pierdan los datos. Si la empresa va a depender de decisiones que se tomen en base a sistemas diseñados por estos métodos, es conveniente trabajar en usar esos sistemas como prototipos en los que se base la construcción de un sistema formal.

Un compromiso aceptable es establecer ciertos estándares de hardware, software o datos para todos los sistemas desarrollados por usuarios finales que se vayan a utilizar en la organización. Es importante combinar esto con concientización en los procesos de seguridad de la información y prevención de riesgos.

9.5.- Automatización o rediseño de procesos

Un nuevo sistema de información trae cambios a la organización. Algunas veces los cambios son sencillos, simplemente buscamos una forma de hacer lo mismo que ya se hace, pero más eficientemente. A esto se le llama automatización.

Al automatizar, es posible que se encuentren nuevos cuellos de botella en los procesos o que se descubran otros problemas con los procesos actuales, esto hace necesario una revisión completa a los procesos, eliminando pasos que no agregan valor, y cambiando otros. A esto se le llama Racionalización.

La automatización y racionalización de procesos hace más eficiente lo que se está haciendo. Sin embargo, llega un punto donde la única forma de acelerar aún más un proceso y maximizar el potencial de la tecnología es repensando el proceso desde el principio. Esto se conoce como reingeniería de procesos de negocio. El término fue difundido por Michael Hammer [Hammer, 1990] y consiste en cambiar el enfoque a la solución de un problema.

Hammer ilustra la idea de reingeniería con una analogía. Dice que, en lugar de pavimentar los caminos de tierra para poder ir más rápido, es mejor replantear la ruta y buscar mejores formas de obtener los resultados que buscamos. La pregunta no es cómo recorro la ruta más rápido, sino por qué quiero llegar a ese destino. Quizá la respuesta nos muestre que una llamada telefónica es suficiente y no sea necesario tener esa ruta. Quizá la respuesta sea que podemos construir un puente que elimine buena parte del camino.

La idea principal de la identificación de proyectos transformacionales es cambiar la pregunta. Reenfocar el esfuerzo de ¿cómo hago esto más rápido?, a ¿por qué hago esto?, o ¿podría hacer otra cosa?   No todos los proyectos requieren una reingeniería. Estas son más riesgosas, requieren más tiempo, enfrentan mayor resistencia al cambio y son más complicadas que un proyecto de automatización, pero en ciertos casos, el repensar los procesos puede ser la única solución a un problema en una organización.

9.6.- Factores críticos de éxito para un nuevo sistema de información

Para que un sistema se considere exitoso es importante que funcione bien, pero más importante es que sea utilizado correctamente para las personas y funciones para las que fue diseñado.

Construir un nuevo sistema de información es un proceso que requiere mucho esfuerzo y la participación de personal de diferentes áreas. Si se planea construir un sistema para apoyar al proceso de ventas, es importante que personal de ventas participe en el análisis y diseño de la solución. Esto requiere sacar a algunos vendedores de su trabajo en ventas para que apoyen el diseño de un nuevo sistema.

Si el jefe de ventas no tiene interés en el proyecto y asigna a sus peores vendedores a la tarea, el sistema resultante podría no ser muy bueno. Es necesario el acceso al mejor vendedor, lo que probablemente implique distraerlo de su trabajo por un tiempo, para que, con sus ideas, se diseñe un buen nuevo sistema.

Esto le va a costar a la empresa, por lo tanto, es importante el apoyo de las áreas que serían las usuarias del sistema. Ellos a su vez, van a necesitar el apoyo de la alta dirección, para aceptar una baja en ventas (que podría resultar si se saca al mejor vencedor de su trabajo por un tiempo para que ayude con el nuevo sistema).

Sin apoyo de la alta dirección de la empresa, un nuevo sistema no se podría construir. Sin el interés y participación de las áreas usuarias, se corre el riesgo que el nuevo sistema no aporte las soluciones necesarias o que los usuarios vean este nuevo sistema como una imposición y no le busquen utilidad ni aplicación.

Desde los primeros proyectos de desarrollo de software, estaba claro que estos proyectos tenían reglas especiales [Brooks, 1972].

Entre los factores que han demostrado ser importantes para el éxito de un desarrollo de sistemas se encuentran:

- Apoyo de la alta dirección
- Involucramiento del usuario
- Profesionalismo del personal de desarrollo
- El presupuesto y tiempo adecuados
- Claridad en objetivos
- Administración de riesgos y
- Aplicación de mejores prácticas en el desarrollo

9.7.- El modelo CMM y CMMI

Existen varias herramientas y metodologías para el análisis y diseño de sistemas y para la ingeniería de software. Una de las más utilizadas es CMM (Capability Maturity Model) y una extensión CMMI (Capability Maturity Model Integration) [Humphrey, 1988].

CMMI consiste en las mejores prácticas que abordan las actividades de desarrollo aplicadas a productos y servicios. Aborda las prácticas que cubren el ciclo de vida del producto desde la concepción hasta la entrega y el mantenimiento. Organizaciones de muchas industrias, incluidas la aeroespacial, la banca, fabricantes de hardware, software, defensa, fabricación de automóviles y telecomunicaciones, utilizan CMMI [Chaudhari, 2016]

Figura 9.2.- Niveles de maduración de CMMI

El modelo CMMI proporciona numerosas guías para evaluar la madurez de una organización y las mejoras necesarias en varias áreas de proceso para pasar de un nivel al siguiente. [Gefen y Zviran, 2006; Lankhorst, 2009]. Existen cinco niveles de madurez, como lo muestra la figura 9.2. El detalle de cada nivel se describe en la figura 9.3.

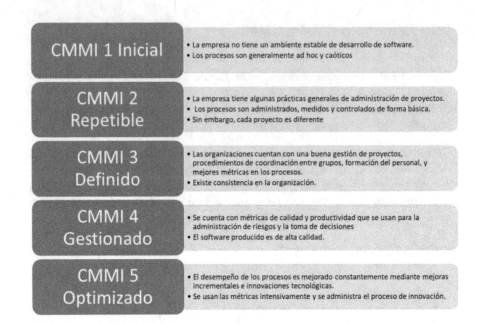

Figura 9.3.- Detalle de los diferentes niveles de madurez de CMMI

9.8.- Resumen

- El proceso para crear y poner en marcha (implementar) un sistema de información se conoce como el ciclo de vida de desarrollo de sistemas o Software Development Lice Cycle (SDLC por sus siglas en inglés).
- Las fases del ciclo de vida de desarrollo de sistemas son: análisis, diseño, construcción, pruebas, implementación, y mantenimiento.
- Otra técnica es el desarrollo por prototipos, donde se diseña un sistema rápido que sirve de muestra y pasa por un proceso iterativo de revisión. Al final del proceso, dependiendo del tipo de prototipo fabricado, este puede ser el producto final o se puede convertir en las especificaciones para la fabricación formal de un sistema completo.
- Los usuarios finales pueden desarrollar sus propias aplicaciones. Es importante tener cuidado de que estas sigan protocolos de seguridad para evitar que la empresa dependa para su operación de sistemas inestables o sin respaldo.

- Durante el desarrollo de un nuevo sistema es muy importante el apoyo de la alta dirección y la participación de los usuarios.
- CMMI consiste en las mejores prácticas que abordan las actividades de desarrollo aplicadas a productos y servicios. Aborda las prácticas que cubren el ciclo de vida del producto desde la concepción hasta la entrega y el mantenimiento; y clasifica las empresas en cinco niveles de madurez.
- El modelo CMMI proporciona numerosas guías para evaluar la madurez de una organización y las mejoras necesarias en varias áreas de proceso para pasar de un nivel al siguiente.

9.9.- Ejercicios de repaso

Preguntas

1. ¿Qué es el ciclo de vida de desarrollo de sistemas?
2. ¿Cuáles son los pasos del ciclo de vida de desarrollo de sistemas?
3. ¿En qué fase del ciclo de vida se responde a la pregunta de qué es lo que va a hacer el nuevo sistema?
4. ¿Cuál es la diferencia entre automatizar y hacer una reingeniería de procesos?
5. ¿Cuál es el producto de la fase de diseño de un sistema?
6. ¿Qué es lo que se prueba durante la etapa de pruebas de un sistema?
7. ¿Cuáles son las tres formas de implantar un sistema y qué ventajas y desventajas trae cada una?
8. ¿Por qué es importante darle mantenimiento a un sistema?
9. ¿Qué es el diseño por prototipos y cuándo es conveniente utilizarlo?
10. ¿Qué ventajas y problemas puede presentar el desarrollo de aplicaciones por usuarios finales?
11. ¿Por qué es importante contar con el apoyo de la alta administración al realizar un proyecto de tecnología de información?
12. ¿Qué es el modelo CMMI y para qué sirve?
13. ¿Cuáles son los niveles de maduración de CMMI?

Ejercicios

1. Entrevista al encargado de tecnología en una empresa, pide que recuerde un proyecto exitoso y pregunta si alguno de los factores críticos mencionados en este capítulo ocurrió.
2. Entrevista al encargado de tecnología en una empresa, pregúntale si recuerda un proyecto que haya fallado y pregunta a qué se le puede atribuir la falla.
3. Describe un proyecto de reingeniería de procesos de negocio.
4. Describe un proyecto de automatización
5. Busca alguna empresa que haya usado el modelo CMMI.

Módulo IV

Operación y Servicios de TI

Capítulo 10

Administración de Servicios de TI

"La frase más peligrosa que puede usar un gerente de DP es ´Siempre lo hemos hecho de esa manera´."

Grace Murray Hopper, reportaje de Computerworld, 1976, [Surden, 1976].

10.1.- Objetivos de aprendizaje

- Entender qué es un servicio de TI y cuáles son sus características.
- Identificar las diferentes categorías de servicios.
- Saber qué es ITIL y cuál es su uso.
- Reconocer las disciplinas clave de ITIL V2.
- Entender el ciclo de vida del servicio.
- Entender la cadena de valor del servicio.
- Conocer los diferentes roles involucrados en ITIL y sus funciones.
- Conocer la forma de usar los lineamientos de ITIL.

10.2.- Entrega de servicios

Para la mayoría de las organizaciones, servir al cliente es el objetivo final. Ellos proveen los ingresos que mantiene a la empresa funcionando. Los servicios que reciben los clientes (refiriéndose a productos o servicios de la empresa) son producto de procesos de negocio de la organización. En este caso, los clientes reciben un beneficio de los servicios (por lo que están dispuestos a pagar por ellos) y no administran los procesos ni los costos de la empresa, solo reciben el producto o servicio final.

Los procesos de negocio de la organización requieren de aplicaciones, información y procesamiento. En este caso, el proceso de negocio es el cliente, TI es el proveedor, y los servicios son las aplicaciones, información o procesamiento.

De acuerdo a Gartner, los servicios de TI se refieren a la aplicación de conocimientos técnicos y comerciales para permitir a las organizaciones la creación, gestión y optimización o el acceso a la información y los procesos comerciales [Gartner, 2021].

Usando la misma definición de servicio al cliente, un servicio de TI debe cumplir con dos características [Hertvik, 2019].

1. Debe producir algo que el cliente valore.
2. El cliente no debe administrar los costos o riesgos del servicio. Los servicios son diseñados, implementados, mejorados y retirados por TI.

Hay diferentes categorías de servicios: Servicios de procesos de negocios, servicios de aplicaciones y servicios de infraestructura [Gartner, 2021].

- **Servicios de procesos de negocios**: Completan actividades repetibles para obtener resultados concretos para el cliente. Los servicios de negocio generalmente tienen un punto de arranque y terminación, además de un proceso bien definido. Ejemplos de estos servicios serían el procesamiento de la nómina, capturar órdenes, actualizar información de clientes, etc.
- **Servicios de aplicaciones**: Desarrollar, instalar, configurar, migrar, actualizar, dar soporte, y asegurar acceso a todas las aplicaciones. Incluye también el balance de cargas, monitoreo de desempeño y análisis de necesidades para operar las aplicaciones de manera óptima.
- **Servicios de infraestructura**: Construir, configurar y mantener componentes de hardware, redes, servidores, líneas de comunicaciones, firewalls, etc., que se requieran para tener acceso a las aplicaciones u otros servicios.

10.3.- ITIL, una recopilación de mejores prácticas para entrega de servicios

Para mejorar la entrega de servicios en el gobierno central del Reino Unido, la UK Office of Government Commerce (OGC) diseñó una serie de documentos recopilando las mejores prácticas en la entrega de servicios de TI. El documento se llama ITIL (IT Infrastructure Library). El objetivo era crear un documento completo y consistente de mejores prácticas, y a la vez, ayudar a que el sector privado desarrollara prácticas de consultoría y herramientas para apoyar ITIL [Lankhorst, 2009].

Desde su lanzamiento, ITIL ha evolucionado. A partir de 2013, ITIL es propiedad de AXELOS, una coinversión entre la Oficina del Gabinete del reino Unido (UK Cabinet Office) y la empresa Capita (La empresa más grande de outsourcing de procesos de negocio y servicios profesionales del Reino Unido).

ITIL V2 se organizaba alrededor de dos disciplinas clave:

- **Soporte de servicios**: mesa de ayuda, reporte de incidente, cambio, liberación y configuración.
- **Entrega de servicio**: nivel de servicio, capacidad, disponibilidad, planeación de contingencia y administración financiera.

ITIL V3 presenta el concepto de ciclo de vida del servicio y se organiza en cinco áreas:

- Estrategia de servicio
- Diseño de servicio
- Transición de servicio
- Operación de servicio
- Mejora continua de servicio

Figura 10.1.- Ciclo de vida del servicio ITIL V3

En 2019 se presenta ITIL V4 que reemplaza el ciclo de vida del servicio por la cadena de valor del servicio que consta de seis etapas [Anand 2019]:

- **Involucrar**: Interactuar con interesados externos para fomentar un buen entendimiento.
- **Planeación**: Crear un entendimiento de la visión, estatus y direcciones de mejora de productos y servicios.
- **Mejora**: Asegurar la mejora continua de productos, servicios y prácticas en toda la cadena de valor.
- **Diseño y transición**: Asegurar que los productos y servicios constantemente cumplan con las expectativas de calidad, costo y tiempo de entrega.
- **Obtención / construcción**: Asegurar que los productos y servicios estén disponibles cuando y donde se necesiten, cumpliendo con las especificaciones.
- **Entrega y soporte**: Asegurar que los productos y servicios son entregados y soportados según especificaciones.

ITIL V4 no invalida ITIL V3. Mientras que V3 se enfoca en cómo entregar servicio, V4 se centra en cómo crear valor.

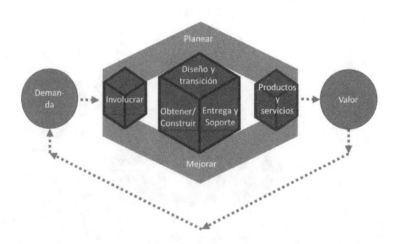

Figura 10.2.- Cadena de valor del servicio ITIL V4. Fuente Anand [2019]

10.4.- Roles involucrados en ITIL

En ITIL existe una serie de roles genéricos como Service Owner, así como roles más específicos como Analista de Service Desk, que se requieren para etapas particulares del ciclo de vida del proceso [AXELOS, 2021; Aguter, 2012]:

Process owner (Dueño del proceso): Responsable de que un proceso funcione bien y haga lo que debe hacer. Debe ser solo una persona, para evitar contradicciones. Entre sus responsabilidades está:

- Definir estrategias, políticas y estándares del proceso
- Apoyar en el diseño
- Asegurarse que el proceso está documentado
- Auditar el proceso

Process Manager (administrador del proceso): responsable por la administración de la operación de un proceso. Puede haber más de uno (por ejemplo, un PM por cada unidad de negocio). Entre sus responsabilidades se encuentran:

- Asegurarse que las actividades de un proceso se hagan
- Asignar personas a roles y administrar los recursos
- Monitorear y reportar el desempeño del proceso
- Identificar áreas de oportunidad

Process Practitioner (especialista de proceso): El rol se puede combinar con el de administrador de proceso. Se encarga de:

- Realizar las actividades del proceso
- Entender cómo sus actividades crean valor
- Interactuar con otros participantes en el proceso
- Asegurarse que las entradas y salidas sean correctas

Service Owner (dueño del servicio): Es responsable por la entrega del servicio de TI al cliente. No necesariamente ejecuta las actividades del proceso, pero se asegura que se complete el trabajo. Sus actividades incluyen:

- Responsable ante el cliente por el inicio, transición, mantenimiento y soporte del servicio
- Responsable ante el director de TI por la entrega del servicio
- Comunicarse con el cliente a cerca del servicio
- Servir como punto de escalamiento de problemas
- Participar en las negociaciones de niveles de servicio (SLA)

El modelo que se usa para definir el trabajo de cada rol es el de RACI (Responsible, Accountable, Consulted, Informed).

El staff de TI involucrado en la entrega de servicios necesita entender las prioridades del negocio y cómo las apoya el área de tecnología. Entre las habilidades adicionales necesarias están:

- Habilidades administrativas
- Saber manejar reuniones
- Habilidades de comunicación (oral y escrita)
- Habilidades de negociación
- Pensamiento analítico

10.5.- Ejemplos de lista de verificación para SLA OLA

Un ejemplo de un proceso de ITIL es el SLA o Service Level Agreement (Acuerdo del nivel de servicio). Este es un acuerdo entre el área de servicios de TI y el cliente. OLA Operating Level Agreement (acuerdo de nivel de operación) es un acuerdo entre el área de servicios y otra parte de la misma organización tratando la entrega de un servicio de infraestructura. En esta sección se cita una lista de verificación (Checklist) basada en la información del mapa de procesos [Kempter, 2021].

La idea de un template es que, cuando sea necesario definir un SLA, no se pierda tiempo creando nuevos formatos o investigando qué información incluir. ITIL ya muestra una guía que puede servir para el diseño de las formas y para asegurarse que no se está olvidando ningún detalle. Así como esta, existen otros formatos para los diferentes componentes de servicios de TI

Lista de verificación, SLA OLA

Procesos de ITIL: ITIL Service Design – Service Level Management

Nombre del Servicio

Información de autorización (con ubicación y fecha)

1. Gerente de nivel de servicio
2. Representante del cliente

Duración del contrato

1. Fechas de inicio y finalización
2. Reglas relativas a la renovación y terminación del acuerdo (si corresponde, también las reglas relativas a la terminación anticipada del acuerdo)

Descripción / resultado deseado para el cliente

1. Justificación y beneficios de negocio
2. Procesos / actividades de negocio del lado del cliente respaldados por el servicio
3. Resultado deseado en términos de utilidad (ejemplo: "El personal de campo puede acceder a las aplicaciones empresariales xxx y yyy sin estar limitado por la ubicación o el tiempo")
4. Resultado deseado en términos de garantía (ejemplo: "Se requiere alta disponibilidad durante el horario de oficina en ubicaciones ...")

Comunicación entre cliente y proveedor de servicios.

1. Persona de contacto responsable del lado del cliente con datos de contacto
2. Gerente de Relaciones Comerciales Designado en el lado del proveedor de servicios con detalles de contacto
3. Informes de servicio (contenido e intervalos de informes de servicio que debe producir el proveedor de servicios)
4. Procedimiento para manejar excepciones y quejas (por ejemplo, detalles que se incluirán en quejas formales, tiempos de respuesta acordados, procedimiento de escalamiento)
5. Encuestas de satisfacción (descripción del procedimiento para medir la satisfacción del cliente de forma periódica)
6. Revisiones del servicio (descripción del procedimiento para revisar el servicio con el cliente de forma regular)

Criticidad del servicio y los activos

1. Identificación de activos críticos para el negocio conectados con el servicio.
   a. Funciones comerciales vitales (VBF) compatibles con el servicio
   b. Otros activos críticos utilizados dentro del servicio (por ejemplo, ciertos tipos de datos comerciales)
2. Estimación del impacto comercial causado por una pérdida del servicio o activos (en términos monetarios o utilizando un esquema de clasificación)

Horarios de servicio

1. Horarios en los que se requiere que el servicio esté disponible
2. Excepciones (por ejemplo, fines de semana, festivos)

Tipos y niveles de asistencia necesarios

1. Soporte in situ
    a. Área / ubicaciones
    b. Tipos de usuarios
    c. Tipos de infraestructura que se apoyará
    d. Tiempos de reacción y resolución (según prioridades, definición de prioridades p. Ej. Para la clasificación de Incidencias)
2. Soporte remoto
    a. Área / ubicaciones
    b. Tipos de usuarios (grupos de usuarios a los que se les concedió acceso al servicio)
    c. Tipos de infraestructura que se apoyará
    d. Tiempos de reacción y resolución (según prioridades, definición de prioridades p. Ej. Para la clasificación de Incidencias)

Requisitos / objetivos de nivel de servicio

1. Compromisos y objetivos de disponibilidad
    a. Condiciones bajo las cuales se considera que el servicio no está disponible (por ejemplo, si el servicio se ofrece en varios lugares)
    b. Objetivos de disponibilidad (definición exacta de cómo se calcularán los niveles de disponibilidad acordados, según el tiempo de servicio y el tiempo de inactividad acordados)
    c. Objetivos de confiabilidad (requeridos por algunos clientes, generalmente definidos como MTBF (tiempo medio entre fallas) o MTBSI (tiempo medio entre incidentes de servicio))
    d. Objetivos de mantenibilidad (requeridos por algunos clientes, generalmente definidos como MTRS (tiempo medio para restaurar el servicio))
    e. Tiempos de inactividad para mantenimiento (número de tiempos de inactividad permitidos, períodos de notificación previa)
    f. Restricciones de mantenimiento, p. Ej. Permitió ventanas de mantenimiento, restricciones estacionales de

mantenimiento y procedimientos para anunciar interrupciones planificadas del servicio.

g. Definiciones de incidentes importantes, así como cambios y versiones de emergencia para resolver problemas urgentes, incluidos los procedimientos para anunciar interrupciones no planificadas del servicio.

h. Requisitos relacionados con los informes de disponibilidad

2. Objetivos y compromisos de capacidad / desempeño
   a. Capacidad requerida (límite inferior / superior) para el servicio, p. Ej.
      i. Números y tipos de transacciones
      ii. Números y tipos de usuarios
      iii. Ciclos económicos (diarios, semanales) y variaciones estacionales
   b. Tiempos de respuesta de las aplicaciones
   c. Requisitos de escalabilidad (supuestos para el aumento a medio y largo plazo de la carga de trabajo y la utilización del servicio)
   d. Requisitos relacionados con los informes de capacidad y rendimiento

3. Compromisos de continuidad del servicio (disponibilidad del servicio en caso de desastre)
   a. Tiempo dentro del cual se debe restablecer un nivel de servicio definido
   b. Tiempo dentro del cual se deben restaurar los niveles normales de servicio.

Normas técnicas / especificación de la interfaz de servicio

Normas técnicas obligatorias y especificación de la interfaz de servicio técnico

Responsabilidades

1. Deberes del proveedor de servicios
2. Deberes del cliente (socio contractual del servicio)
3. Responsabilidades de los usuarios del servicio (por ejemplo, con respecto a la seguridad de TI)
4. Aspectos de seguridad de TI que se deben tener en cuenta al utilizar el servicio (si corresponde, referencias a las políticas de seguridad de TI relevantes)

Modelo de precios

1. Costo por la prestación del servicio
2. Reglas para sanciones / devoluciones de cargo

Historial de cambios

Lista de anexos y referencias (si es que aplica)

Glosario (si es que aplica)

10.6.- Casos de éxito

Hay documentación de empresas que han adoptado ITIL o partes del modelo y obtenidos resultados interesantes. Axelos, ha preparado una página con información de diferentes casos de éxito de organizaciones en diferentes giros. Se puede encontrar la información en: https://www.axelos.com/resource-hub/case-study A continuación se presentan algunos ejemplos.

Minicaso: Grupo Bimbo

Grupo Bimbo, ganó el ITIL Experience Award [Gutierrez, 2018]. La empresa usó ITIL para integrar y coordinar la administración de servicios entre sus sitios globales. ITIL permite estandarizar los servicios a nivel mundial. La empresa logró descentralizar sus servicios de TI de México a cada país; logró cambiar la conversación de tickets a servicios; y promovió el uso de repositorios separados de información por país. Se puede encontrar más información en la siguiente página: https://www.axelos.com/resource-hub/case-study/grupo-bimbo-winning-the-itil-experience-award

---

Minicaso: Spotify

Spotify [Källgården, 2019]. El equipo de TI de la empresa enfrentaba cuatro retos: visualizar la carga de trabajo total, administrar la sobrecarga de trabajo, coordinar las necesidades de los clientes internos, y administrar diferentes tipos de trabajo. Usando ITIL lograron poner orden a las demandas por servicios del área de TI. Se dieron cuenta que ITIL se basa en mejores prácticas y sentido común. Los procesos existen para apoyar a la organización en el logro de sus objetivos. Se puede encontrar más información en la siguiente página: https://www.axelos.com/resource-hub/case-study/spotify-itil-case-study

Minicaso: Gobierno de la Ciudad de Pittsburgh

Gobierno de la Ciudad de Pittsburgh [Axelos 2020]: La segunda ciudad más grande de Pennsylvania tenía problemas con la calidad de los servicios de TI que proporcionaba a los diferentes departamentos. Luego de adoptar ITIL e iniciar un programa masivo de capacitación a su personal lograron, entre otras cosas: crear formatos para que cada departamento pudiera administrar su página web directamente, optimizar las rutas de su estaff para actualizar equipos de cómputo en toda la administración, responder a las demandas por equipo y servicios que surgieron por la respuesta a la emergencia de COVID-19. Se puede encontrar más información en la siguiente página: https://www.axelos.com/resource-hub/case-study/pittsburgh-itil-better-public-service-provision

10.7.- Resumen

- Los servicios de TI se refieren a la aplicación de conocimientos técnicos y comerciales para permitir a las organizaciones la creación, gestión y optimización o el acceso a la información y los procesos comerciales.

- Un servicio de TI debe cumplir con dos características:
  - o Debe producir algo que el cliente valore.
  - o El cliente no debe administrar los costos o riesgos del servicio. Los servicios son diseñados, implementados, mejorados y retirados por TI.
- ITIL (IT Infrastructure Library), es una serie de documentos recopilando las mejores prácticas en la entrega de servicios de TI.
- ITIL ha evolucionado de dos disciplinas clave, al ciclo de vida del servicio, a la cadena de valor del servicio.
- En ITIL existe una serie de roles genéricos como Service Owner, así como roles más específicos como Analista de Service Desk, que se requieren para etapas particulares del ciclo de vida del proceso.
- También existen templates o guías para cada tipo de servicio.

10.8.- Ejercicios de repaso

Preguntas

1. ¿Qué es un servicio de TI?
2. ¿Cuáles son las características de un servicio de TI?
3. ¿En qué consisten las diferentes categorías de servicios?
4. ¿Qué es ITIL y cómo surge?
5. ¿Cuáles son las dos disciplinas clave de ITIL V2?
6. ¿En qué consiste el ciclo de vida del servicio?
7. ¿Cuál es la diferencia entre el ciclo de vida del servicio y la cadena de valor del servicio?
8. ¿Qué roles puede haber en ITIL y qué funciones tiene cada rol?

Ejercicios

1. Encuentra el template de un servicio de ITIL y discute su relevancia en una aplicación real.
2. Busca una organización que esté usando ITIL y describe sus resultados.
3. Analiza un caso de éxito que publica Axelos en https://www.axelos.com/resource-hub/case-study y describe la situación problema y los resultados obtenidos.

Capítulo 11

Infraestructura Tecnológica

"Si esas máquinas son tan ingeniosas, ¿qué podemos pensar de la máquina calculadora del Sr. Babbage? ¿Qué podemos pensar de un motor de madera y metal que, no solo puede calcular las tablas astronómicas y de navegación hasta cualquier límite, sino hacer que la exactitud de sus operaciones sea matemáticamente cierta a través de su poder de corregir sus posibles errores? ¿Qué pensaremos de una máquina que no sólo puede lograr todo esto, sino que además puede imprimir sus elaborados resultados, cuando se obtienen, sin la más mínima intervención del intelecto del hombre?"

Edgar Allan Poe, Maelzel's Chess-Player, 1836.

11.1.- Objetivos de aprendizaje

- Identificar los componentes de una plataforma tecnológica.
- Describir las partes y funcionamiento de la plataforma de hardware.
- Describir las funciones de un sistema operativo.
- Explicar la forma de operar del software de aplicación.
- Entender las tres tecnologías clave de Internet.
- Describir ventajas y desventajas del cómputo en la nube.

11.2.- Componentes de una infraestructura tecnológica

Cuando hablamos de infraestructura tecnológica, es decir la plataforma necesaria para que pueda operar una aplicación de Inteligencia de negocios, se está hablando de mucho más que solo una computadora. El equipo de cómputo (hardware) necesita una serie de programas que le muestran cómo operar (sistema operativo). Sobre el sistema operativo corren las aplicaciones (como los programas de Inteligencia de negocios). Sin embargo, para operar, las aplicaciones requieren de comunicación entre computadoras y con equipos en otras partes, lo que se logra con redes o mediante el Internet. La figura 11.1 muestra un esquema de los componentes de una plataforma tecnológica.

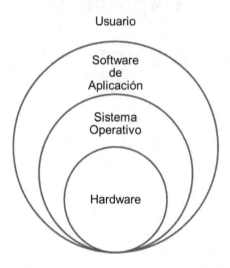

Usuario

Software de Aplicación

Sistema Operativo

Hardware

Figura 11.1 – esquema de los componentes de una plataforma tecnológica

11.3.- Plataformas de hardware

El hardware es el equipo de cómputo donde se procesa a información. Una computadora tiene varios componentes: equipos de entrada y salida de datos, unidades de procesamiento, memoria y almacenamiento secundario. La figura 11.2 muestra un esquema general de una computadora.

Las unidades de entrada sirven para introducir información en el equipo. Una computadora normalmente cuenta con teclado, mouse, cámara y micrófono. Algunos equipos cuentan con pantallas sensibles al tacto o lectores de huellas digitales. Otros equipos que se pueden usar para meter datos a una computadora son escáneres, lectores de código de barras, o lectores de bandas magnéticas.

Las unidades de salida son la forma en la que obtenemos información desde la computadora. Las unidades de salida más comunes son las pantallas y las impresoras. Otras unidades de salida comunes son las bocinas con las que la computadora puede mandar señales (bips) o incluso reproducir algún audio.

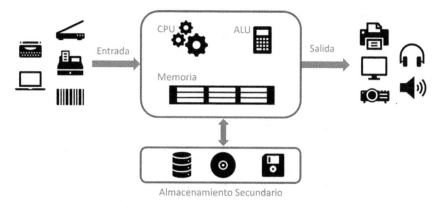

Figura 11.2 - Esquema general de una computadora

Hay unidades de salida más especializadas como robots con movimiento, o vibradores (para indicar en un dispositivo manual que la información se ha recibido).

Al interior de la unidad de procesamiento se encuentran tres componentes principales: la Unidad Central de Proceso o CPU (por sus siglas en inglés) la unidad lógica aritmética o ALU (por sus siglas en inglés) y la memoria principal. El CPU es quien mueve la información de un componente a otro, ordena al ALU realizar alguna operación o indica a la memoria dónde almacenar un valor. La ALU realiza operaciones matemáticas o comparaciones entre dos números que le son proporcionados por el CPU, regresando el resultado ahí mismo. La memoria principal es donde se almacena la información: datos y programas que corren en la computadora.

Un programa de cómputo son una serie de instrucciones que se almacenan en la memoria de la computadora. El CPU toma la primera instrucción y la ejecuta, luego pasa a la siguiente y así sucesivamente hasta terminar el programa.

Dado que en muchas computadoras la memoria principal requiere energía para operar, algunas veces es necesario guardar datos fuera de la computadora, en unidades de almacenamiento secundario como discos, cintas o memorias USB. La computadora tiene instrucciones de la forma de bajar un programa del almacenamiento secundario a la memoria principal para poder operar.

Hay varios factores que determinan la eficiencia de un equipo: la velocidad de procesamiento y la capacidad de memoria. Una computadora con una memoria limitada tiene que esperar a traer datos de las unidades de almacenamiento secundario para seguir operando.

Entre los fabricantes de microcomputadoras más comunes están Dell, HP, Apple, Lenovo. Hay fabricantes de computadores más poderosos como IBM o HP que se pueden usar en empresas grandes como centros de datos o para operaciones complejas.

11.4.- Sistemas operativos

El hardware por sí mismo no puede hacer muchas cosas, se necesitan programas para explicarle cómo mandar algo a imprimir o cómo mostrarlo en la pantalla. Esas instrucciones se llaman sistema operativo. Existen algunos sistemas operativos estándar diseñados para diferentes equipos, de esta forma, si queremos imprimir algo, solo hay que dar la orden al sistema operativo y este se encargará de enviar las órdenes correctas para el hardware que estemos utilizando.

Los sistemas operativos más comunes para PC's son Window y Mac OS X. En computadoras medianas y grandes hay sistemas como Unix o Linux; mientras que en equipos pequeños podemos ver Chrome, Android o iOS.

La ventaja de los sistemas operativos estándar es que, si un programa usa Windows, no es necesario cambiar nada si el programa va a operar en una computadora Dell o una HP.

11.5.- Software de aplicación

Arriba del sistema operativo corren las aplicaciones de software. Estos son los programas de cómputo que procesan la información. Algunos ejemplos son las aplicaciones empresariales como SAP, ORACLE o Microsoft Dynamics; los sistemas hechos a la medida, como la nómina o el inventario y las plataformas de bases de datos; y los paquetes como Word, Excel o Tableau.

El usuario trabaja con el software de aplicación y generalmente no tiene que preocuparse si cambia el equipo o incluso el sistema operativo.

11.6.- Internet

Una computadora aislada puede trabajar con la información que tiene en su memoria principal y la que puede acceder en su almacenamiento secundario. Algunas veces es necesario mover información desde otras computadoras en la misma oficina o del otro lado del mundo. Esto se logra mediante redes de computadoras, que son conexiones entre equipos que les permiten intercambiar información. La red más importante hoy en día es Internet.

Internet es una arquitectura de comunicaciones que permite que diferentes redes de computadoras alrededor del mundo interactúen entre sí. Internet surge en los Estados Unidos en la década de 1970, pero no se popularizó sino hasta mediados de los 1990's. Para el año 2020, se estimaba que más de la mitad de la población de la tierra tenía acceso a Internet [Kahn & Dennis, 2020].

Internet se basa en tres tecnologías clave [Laudon & Traver, 2018]:

- Conmutación de paquetes
- Protocolo de comunicaciones TCP/IP
- Arquitectura de comunicaciones cliente-servidor.

Conmutación de paquetes, es un método para dividir los mensajes en unidades más pequeñas llamadas paquetes. Cada paquete contiene información de identificación que describe el tipo de información que contiene, qué parte del mensaje es, de dónde viene y cuál es su destino.

Cada paquete se envía por una ruta diferente. Al llegar a su destino, los paquetes son re- ensamblados y el mensaje original se ve completo en el equipo receptor.

La figura 11.3 muestra cómo la conmutación de paquetes consiste en que cada nodo envía cada paquete a la siguiente computadora en la red en la dirección del destinatario. La computadora que recibe el paquete, a su vez, reenvía el paquete a la siguiente en la dirección correcta, y así sucesivamente. Si una ruta está ocupada o una computadora no responde, el paquete se envía por una ruta alterna. Eventualmente todos los paquetes llegan a su destino, la computadora de destino reensambla el mensaje a partir de sus partes y emite un mensaje indicando que el paquete llegó. Si la computadora de origen no obtiene un recibo indicando que todos sus paquetes llegaron bien, simplemente reenvía el paquete al destinatario.

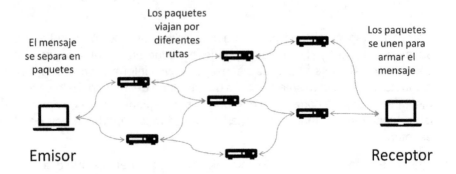

Figura 11.3 – Conmutación de paquetes

Al observar la figura 11.3 se pueden apreciar los orígenes militares de la red. Si un nodo llegara a ser deshabilitado por cualquier motivo, la red no dejaría de funcionar pues hay muchas formas de hacer llegar la información a su destino. Por eso, cuando hay algún problema o desastre natural en una ciudad y esta no puede transmitir información, la red no se detiene, los mensajes que normalmente se rutarían por ese punto simplemente se mandan por otra ruta sin necesidad de que los usuarios o administradores hagan nada especial.

Sin embargo, esta ventaja también se ha convertido en un problema. Así como un desastre natural no puede detener a Internet en forma sencilla, tampoco se puede detener por decreto de algún gobierno o institución. Los usuarios generalmente encuentran formas de sacarle la vuelta a cualquier barrera que se coloque. Se han documentado casos de revueltas populares coordinadas desde Internet que los gobiernos no han podido acallar en forma sencilla. Un ejemplo ocurrió en la primavera de 2011, donde protestas en diferentes países árabes culminaron con el derrocamiento de varios gobiernos de la zona, lo que se conoce como la primavera árabe [History, 2020].

Las noticias falsas son otro problema, al no haber una autoridad central, es casi imposible eliminar los mensajes, aunque contengan información intencionalmente errónea. De la misma forma, si alguien sube una fotografía impropia, es muy complicado eliminarla de la red.

> **Minicaso: "Fake news" noticias falsas y su influencia política**
>
> Las noticias falsas, conocidas también como "fake news" por su nombre en inglés, consisten en notas que aparentan ser reportajes reales, pero no tienen soporte ni fuentes sólidas. Estas aparecen con el surgimiento de las redes sociales,
>
> Las noticias falsas se diseñan y emiten con la intención de engañar, o manipular a las personas; o para obtener ganancias económicas o políticas. Aunque el término se ha utilizado para intentar desacreditar noticias verídicas u opiniones contrarias.
>
> El reto de las noticias falsas es discutido en una entrevista publicada por las Naciones Unidas [Dickinson, 2018] en: https://news.un.org/en/audio/2018/05/1008682

El segundo elemento, el protocolo de comunicaciones TCP/IP (Protocolo de Control de Transmisión/Protocolo Internet): establece el esquema de direccionamiento de paquetes, la forma en que se conectan las computadoras emisoras y receptoras, así como la forma en que se separa el mensaje en paquetes en la computadora emisora y se reensamblan los paquetes en la computadora receptora. El tercer elemento: la arquitectura de comunicaciones cliente-servidor es un modelo de cómputo donde una computadora (el cliente) se conecta con otra (el servidor) para pedirle información, minimizando la cantidad de datos que es transmitida usando las redes de comunicación.

El procesamiento de los datos ocurre en el servidor, lo único que viaja por la red es la solicitud del cliente y la página con la respuesta. De esta forma no es necesario enviar grandes cantidades de información, haciendo las comunicaciones más rápidas. Por ejemplo, si entras a la página de Google y tecleas la frase "Transformación Digital", Google responderá con un mensaje indicando que hay cerca de 80 millones de resultados y que esto se calculó en 0.64 segundos, seguido de los primeros 10 resultados de su lista. Lo que ha ocurrido es que la solicitud viajó a los computadores de Google. El servidor de Google hizo una búsqueda entre sus datos y respondió con la primera página. Esta información se puede enviar muy rápido a la computadora del cliente pues solo una frase viaja de ida y una página viaja de vuelta por la red, el resto de las casi 80 millones respuestas no se envían hasta que sean solicitadas. El usuario puede solicitar la página dos o tres y Google respondería con ellas.

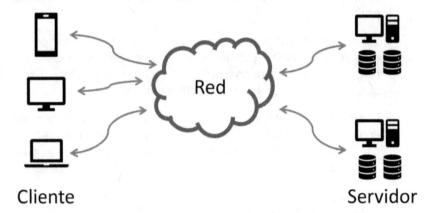

Cliente   Servidor

Figura 11.4 – Arquitectura cliente-servidor

La arquitectura de comunicaciones cliente-servidor da lugar a que la red responda en forma rápida y que se pueda utilizar con equipos clientes, aunque estos no necesariamente sean muy poderosos. Eso permite que computadoras personales, pero también tabletas, teléfonos e incluso aparatos de cocina puedan interactuar con la red sin necesidad de incluir costosos procesadores, mucha memoria, grandes capacidades de almacenamiento.

Hay muchos otros protocolos y programas que apoyan a Internet tales como los protocolos HTTP, SMTP, y FTP, así como aplicaciones de software.

11.7.- Cómputo en la nube

Un ejemplo de arquitectura cliente-servidor que se menciona en la sección anterior, es lo que se conoce como cómputo en la nube, donde el poder de cómputo y almacenamiento reside en grandes servidores de datos y el usuario puede acceder a estos desde casi cualquier lugar sin necesidad de sofisticados aparatos como cliente.

La ventaja del cómputo en la nube es que se puede brindar servicio a usuarios de manera casi inmediata. Una vez que una aplicación está colocada en la nube, agregar una oficina es cuestión de conectar la oficina a Internet y ya se tiene acceso a todo el poder de la aplicación sin necesidad de invertir en equipos costosos ni modificar instalaciones. Otra ventaja, cuando las aplicaciones son compartidas entre muchos usuarios, es que el costo de crear y operar las soluciones en la nube se distribuye entre muchos participantes, por lo que puede llegar a ser bastante económico.

Entre las desventajas de trabajar con soluciones en la nube es que se depende de una conexión de datos y si esta fallara no habría acceso a ninguna información. Otra desventaja citada por algunos usuarios es que se mueven datos que pueden resultar confidenciales en redes públicas, por lo que es importante medir los niveles de seguridad de estas aplicaciones antes de comprometerse a usarlas.

Minicaso – Salesforce, un sistema de CRM completo instalado en 15 minutos

Salesforce.com, Inc. es una empresa de San Francisco que construye y opera una plataforma de CRM en la nube. Los clientes pueden contratar sus servicios y operara una solución completa de CRM para su empresa pagando solo una renta mensual por cada usuario que quieran que tenga acceso a la plataforma. Para una empresa pequeña, donde una solución de CRM podría constar decenas de miles de dólares, usar Salesforce toma poco tiempo para arrancar, no requiere hardware adicional a una PC y una conexión a Internet y podría costar entre 50 y 200 dólares por mes, dependiendo del número de personas que necesitan que tengan acceso a la información. Puedes ver videos explicando el funcionamiento de la plataforma en la página de la empresa en Salesforce.com

---

11.8.- Resumen

- Los componentes de una infraestructura tecnológica son: Hardware, sistema operativo, programas de aplicación, y comunicaciones.
- El hardware es el equipo de cómputo donde se procesa a información. Una computadora tiene varios componentes: equipos de entrada y salida de datos, unidades de procesamiento, memoria y almacenamiento secundario.
- El hardware por sí mismo no puede hacer muchas cosas, se necesitan programas para explicarle cómo mandar algo a imprimir o cómo mostrarlo en la pantalla. Esas instrucciones se llaman sistema operativo.

- Arriba del sistema operativo corren las aplicaciones de software. Estos son los programas de cómputo que procesan la información.
- Internet es una arquitectura de comunicaciones que permite que diferentes redes de computadoras alrededor del mundo interactúen entre sí.
- Internet se basa en tres tecnologías clave: conmutación de paquetes, protocolo de comunicaciones TCP/IP, y arquitectura de comunicaciones cliente-servidor.
- Cómputo en la nube es una variante del modelo cliente-servidor donde el poder de cómputo y almacenamiento reside en grandes servidores de datos y el usuario puede acceder a estos desde casi cualquier lugar sin necesidad de sofisticados aparatos como cliente.

11.9.- Ejercicios de repaso

Preguntas

1. ¿Cuáles son los componentes de una arquitectura tecnológica?
2. ¿Qué es hardware?
3. ¿Cuáles son las partes principales de una computadora?
4. ¿Qué hace un sistema operativo?
5. Menciona algunos ejemplos de sistemas operativos
6. Menciona algunos ejemplos de aplicaciones de software
7. ¿Cuáles son las tres tecnologías clave de Internet?
8. ¿Qué ventajas ofrece el cómputo en la nube?
9. ¿Qué desventajas presenta el computo en la nube?

Ejercicios

1. Identifica unidades de entrada de una computadora.
2. Lista al menos cinco unidades de salida de una computadora.
3. Encuentra cuatro proveedores de hardware.
4. Menciona dos marcas de computadoras diferentes que usen el mismo sistema operativo.
5. Busca información de proveedores de soluciones de ERP en la nube.

Capítulo 12

Administración de Proveedores de Tecnología

"Todo individuo trabaja necesariamente para hacer que los ingresos anuales de la sociedad sean tan grandes como pueda. De hecho, en general, no tiene la intención de promover el interés público, ni sabe cuánto lo está promoviendo. Sólo pretende su propio beneficio, y en este, como en muchos otros casos, es guiado por una mano invisible para promover un fin que no formaba parte de su intención. Al perseguir su propio interés, con frecuencia promueve el de la sociedad de manera más eficaz que cuando realmente tiene la intención de promoverlo."

Adam Smith, "The Wealth of Nations" 1776.

.

12.1.- Objetivos de aprendizaje

- Identificar las fases del proceso de adquisiciones.
- Definir las actividades que ocurren durante la fase de reconocimiento de la necesidad.
- Explicar cómo se formaliza un contrato.
- Conocer qué es y cómo funciona una licitación pública.
- Entender las responsabilidades de las partes durante la ejecución del contrato.
- Conocer la importancia y el proceso de control de cambios.
- Reconocer los diferentes roles que puede jugar un socio tecnológico en la definición, desarrollo y operación de proyectos.
- Apreciar el valor de tratar a colegas con respeto y honestidad.

12.2.- Las fases del proceso de compra de tecnología

El mercado de aplicaciones informáticas y tecnología de información en las empresas es un mercado muy lucrativo para muchas organizaciones especializadas en el desarrollo y distribución de soluciones informáticas.

Independientemente del tipo de empresa, el proceso de adquirir una pieza de hardware o software no inicia cuando se contacta a un proveedor o se publica una solicitud para cotización (request for proposal o RFP por sus siglas en inglés). El proceso comienza cuando se define la aplicación que se va a adquirir. Las tres fases del proceso de adquisiciones son [Alanís, 2020]:

1. Reconocimiento de la necesidad

2. Formalización del contrato

3. Administración del contrato

Durante la primera fase: reconocimiento de la necesidad, se definen los proyectos a adquirir y se preparan las especificaciones de lo que se busca adquirir (RFP). Es en esta fase donde se deben analizar las alternativas existentes en el mercado y tecnologías emergentes para diseñar una buena solución y se requiere experiencia preparando bases precisas que atraigan proveedores con soluciones de calidad a precios razonables.

La segunda fase: formalización del contrato, es generalmente un proceso muy rígido manejado por áreas especializadas en negociación o adquisiciones. Dependiendo del monto de la inversión requerida y las políticas de la empresa, la compra se puede hacer por adjudicación directa a un proveedor, pidiendo dos o más cotizaciones de proveedores diferentes, o incluso realizando una licitación pública, que es una ceremonia muy utilizada en organizaciones del gobierno, donde los proveedores entregan, en sobre cerrado, sus cotizaciones, que son abiertas públicamente y analizadas por cumplimiento de lo solicitado.

Una vez elegido un ganador, se procede a formalizar y ejecutar el contrato. Durante la ejecución del contrato se desarrolla el proyecto. Es importante tener cuidado con el control de cambios y notar que es posible buscar extensiones al contrato sin necesidad de licitaciones adicionales.

12.3.- Reconocimiento de la necesidad

Un proyecto puede detonarse por iniciativa de un usuario o por el área de tecnología. De cualquier forma, es importante que se involucren los usuarios en la definición de las necesidades y exploración de posibles soluciones.

Si se sigue el método del ciclo de vida de desarrollo de sistemas descrito arriba, el reconocimiento de la necesidad corresponde a las fases de análisis y diseño del proyecto. En esta etapa, es importante explorar alternativas, analizar el mercado y probar diferentes soluciones antes de decidir en un diseño final.

En muchos casos, el reconocimiento de la necesidad es solo un diagnóstico inicial para justificar la asignación de recursos para el análisis y diseño de una solución. De cualquier forma, se requiere un estimado del tamaño del problema (costos y beneficios esperados) para poder alinear el proyecto frente a otros proyectos que compitan por recursos en esta etapa.

12.4.- Formalización del contrato

Ya que se tiene una idea de lo que se busca adquirir, sea un desarrollo a la medida, un paquete, o utilizar una aplicación en la nube, el siguiente paso es contactar a proveedores para ver sus capacidades y ofertas.

Una forma de llamar a un proveedor es emitiendo una solicitud de propuesta (Request for Proposal, o RFP por sus siglas en inglés). Este documento puede ser tan sencillo como una llamada telefónica o un correo electrónico indicando el tipo de solución que se busca. El RFP puede estar dirigido a una empresa en específico, o abierto a todo el mercado. El proveedor asigna a un líder comercial que se entrevista con la empresa para preparar la propuesta solicitada.

Durante esta fase inicial, se puede ir afinando los requerimientos de la solución y conociendo el potencial de los proveedores. Es posible trabajar en el mismo proyecto con más de un proveedor mientras ellos entiendan que se está trabajando con varias empresas y que no hay una decisión ni compromiso definitivo de ninguna de las partes sino hasta que se firme un contrato. También es común solicitar la forma de un acuerdo de confidencialidad (non disclosure agreement o NDA por sus siglas en inglés) para que la información privilegiada que se pueda compartir en estas etapas esté protegida.

La compra normalmente la realiza un área especializada en negociación y adquisiciones. Ellos, dependiendo del monto, pueden adquirir la solución definida con el proveedor recomendado, o pedir que se busquen más cotizaciones de proveedores diferentes. Normalmente buscarían demostrar que el proveedor seleccionado es el más conveniente para la empresa.

En organizaciones muy formales, como entidades públicas, donde las adquisiciones se rigen por un conjunto de leyes muy estrictas, las inversiones mayores se deben adquirir vía una licitación pública.

En los Estados Unidos, la mayoría de las adquisiciones del gobierno federal se rigen por el Reglamento de Adquisición Federal. En Canadá, los contratos se rigen por el Reglamento de Contratos del Gobierno, cuyo objetivo es garantizar que las agencias gubernamentales en Canadá "obtengan el mejor valor para los canadienses mientras mejoran el acceso, la competencia y la equidad" [Government of Canada 2018].

En México, las compras del gobierno son tema de la Constitución Política del país, que en su artículo 134 dice:

> "Las adquisiciones, arrendamientos y enajenaciones de todo tipo de bienes, prestación de servicios de cualquier naturaleza y la contratación de obra que realicen, se adjudicarán o llevarán a cabo a través de licitaciones públicas mediante convocatoria pública para que libremente se presenten proposiciones solventes en sobre cerrado, que será abierto públicamente, a fin de asegurar al Estado las mejores condiciones disponibles en cuanto a precio, calidad, financiamiento, oportunidad y demás circunstancias pertinentes.
>
> Cuando las licitaciones a que hace referencia el párrafo anterior no sean idóneas para asegurar dichas condiciones, las leyes establecerán las bases, procedimientos, reglas, requisitos y demás elementos para acreditar la economía, eficacia, eficiencia, imparcialidad y honradez que aseguren las mejores condiciones para el Estado."
>
> H. Congreso de la Unión, "Constitución Política de los Estados Unidos Mexicanos", Art. 134

El artículo 134 se operacionaliza, a nivel federal, en la Ley de Adquisiciones, Arrendamientos y Servicios del Sector Público [Cámara de Diputados del H. Congreso de la Unión, 2014]. Las diferentes agencias en diferentes estados y países tienen sus propias leyes, pero los procesos son similares en alcance y propósito. La figura 9.1 muestra los pasos para una licitación pública en el gobierno.

Figura 12.1 - Pasos para una licitación pública en el gobierno

12.5.- Ejecución del contrato

Teniendo un proveedor seleccionado y un contrato firmado, la responsabilidad regresa al área de desarrollo que está manejando el proyecto. Es importante conocer bien los alcances del contrato. El proveedor se compromete a ciertas fechas de entrega y el cliente se compromete a proporcionar ciertas facilidades y equipos para agilizar el trabajo.

El cliente es responsable de supervisar que el producto recibido cumpla con las especificaciones solicitadas y esté completo, con los manuales y capacitación que se haya acordado en el contrato.

Conforme se avance en el proyecto se deberán realizar los reportes al área de compras para que se tramiten los pagos parciales correspondientes al proveedor.

Algunas veces, durante la ejecución de un contrato, surgen cambios o áreas de oportunidad que no habían sido previstas en la fase de definición de la necesidad o la firma del contrato. Es importante evaluar estas modificaciones pues pueden afectar el costo o tiempo de entrega del proyecto final. La forma de manejar los cambios es con un procedimiento de control de cambios donde:

1. El área que identifica la oportunidad llena un formato describiendo el cambio solicitado
2. La dirección del proyecto evalúa la pertinencia de solicitar el cambio al proveedor
3. El proveedor analiza el cambio y decide si analizar la propuesta o rechazarla
4. El proveedor analiza el cambio solicitado e identifica su efecto en precio y fechas de entrega
5. El proveedor entrega la propuesta de cambio (con costos y tiempos) a la dirección del proyecto
6. La dirección del proyecto decide si aceptar, o no, la ejecución del cambio, escribiendo un nuevo contrato o un adendum al contrato vigente.

Minicaso: ¿quién da un mejor servicio?

Cuando un coche ya tiene años de uso, es común que falle por desgaste de piezas. Hay historias de horror y buenos ejemplos cuando se habla de mecánicos. Dos historias diferentes son:

El usuario uno lleva el coche con su mecánico el miércoles, el taller le pide que deje su coche para revisión y llame por la tarde. Esa tarde el taller no tiene datos, pero le dice que el jueves por la mañana le dan una cotización. El cliente recibe su cotización el jueves a medio día. La aprueba y le prometen el coche el sábado por la mañana, pero no cumplen. El coche finalmente está listo hasta el martes.

En el caso dos, el usuario lleva su coche con el mecánico el miércoles, el taller le pide que deje el coche para revisión y le promete una cotización para el día siguiente por la tarde. A mediodía del jueves el cliente recibe la cotización que dice que hay que pedir piezas faltantes, que estas llegan el lunes, se instalan el martes y que el coche estaría listo el siguiente miércoles. El lunes por la tarde el mecánico llama al cliente y le informa que su coche estará casi listo y que lo podrá recoger el martes (un día antes de lo prometido).

Ambos talleres tardaron lo mismo. ¿Quién dio un mejor servicio?

12.6.- Entrega del proyecto

Un proyecto no está completo hasta que lo tiene el usuario y no requiere de nadie del proveedor o del área de tecnología para hacer modificaciones al software para que opere correctamente. Para llegar a este punto es importante haber probado bien todos los componentes de forma independiente y en su conjunto. También es crítico completar el entrenamiento a los usuarios finales en el uso del sistema.

La fase de implementación es tan importante para un proyecto como la construcción misma. No importa si un proyecto está bien hecho, si el usuario no sabe qué hacer con él, el proyecto no funciona.

Cuando el proveedor ha cumplido con todo lo estipulado en el contrato, el área que dirige el proyecto firma una carta de aceptación y la turna al área de compras para el pago final del contrato.

En este momento comienza a correr el período de garantía y se pueden firmar contratos de mantenimiento para asegurar la operación continua de la aplicación adquirida.

12.7.- Relación cliente-proveedor en el proceso de preventa

Como se discute arriba, el proceso de adquirir una pieza de hardware o software no inicia cuando se contacta a un proveedor o se publica una solicitud para cotización (request for proposal o RFP por sus siglas en inglés). El proceso comienza cuando se define la aplicación que se va a adquirir.

Si un proveedor se entera de un proyecto cuando se publica un RFP (en la fase de formalización del contrato) es muy probable que las especificaciones de la licitación sean para una tecnología diferente a la suya, o donde no se tenga una ventaja competitiva.

Es por lo tanto muy importante, para los proveedores de tecnología, buscar involucrarse con sus clientes desde la etapa de reconocimiento de la necesidad, para buscar que la solución que la empresa planea adquirir, se ajuste al producto que la empresa está mejor preparada para suministrar. Adicionalmente, esto se debe lograr sin violar ninguna ley, caer en conflictos de intereses, ni incurrir en actos de corrupción.

Minicaso – Podemos comprar cualquier marca de equipo mientras sea igual al modelo 6394 de este proveedor

Si un cliente potencial manda un RFP solicitando información de precios para equipos de cualquier marca, pero al momento de describir las capacidades de esos equipos está describiendo el equipo de un competidor, entonces muy probablemente su competidor tendrá la ventaja al momento de ofrecer productos a mejores precios.

Por ejemplo, los documentos para la compra de equipo de cómputo para una oficina de gobierno indicaban que podía ser cualquier computadora, pero con procesador Intel 6700, cuatro puertos USB 3.0, y otra serie de especificaciones. Lo más interesante es que el equipo debía medir 50.8x30.5x5.08 centímetros y pesar exactamente 2.7 kilogramos.

Si su empresa hubiera trabajado con ese cliente potencial antes de que este lanzara su RFP, quizá las especificaciones hubieran sido más generales, o iguales a las de su producto.

En la mayoría de los casos, el reconocimiento de la necesidad comienza con el monitoreo tecnológico. En muchas empresas no existe un área específica encargada de esta función, o es un departamento que generalmente está corto en recursos y presupuesto. Aquí es donde las visitas del proveedor y la documentación disponible, pueden ayudar a la empresa a identificar oportunidades que eventualmente se puedan convertir en proyectos.

Es posible que un proveedor apoye en la identificación de oportunidades con alguna de las siguientes actividades:

- Publicación de folletos informativos describiendo la tecnología
- Publicación de casos de estudio
- Organización de grupos de discusión
- Organización de conferencias
- Visitas a las áreas de Tecnología de las empresas
- Relación con las áreas usuarias
- Publicación de benchmarks de la industria
- Apoyo al cliente en la preparación de las bases de licitación

12.8.- Roles que pueden tomar los socios tecnológicos

Una empresa proveedora de servicios tecnológicos (ya sea hardware, software, aplicaciones, consultoría, o soluciones) puede jugar diferentes roles en los proyectos informáticos de sus clientes. Algunas veces los trabajos se pueden desarrollar en un esquema de asesoría y ser remunerados, en otras ocasiones el trabajo se debe hacer sin compensación, buscando ya sea afianzar una relación de confianza o un beneficio a largo plazo para vender una solución más adelante.

Los principales roles que puede ocupar un socio tecnológico son:

1. Como asesor
2. Como supervisor técnico de un proyecto
3. Como integrador de una solución
4. Como desarrollador o constructor de un proyecto o módulo

El detalle de cada rol se describe a continuación

Como asesor (pagado o sin paga)
Una empresa puede convertirse en asesor de una organización y brindar recomendaciones, buscar información, diseñar soluciones o incluso capacitación a usuarios finales. Si el servicio se remunerado (puede ser a precio fijo o a tiempo y materiales), la empresa consultora no podrá involucrarse en la implementación de los proyectos que está asesorando ni cobrar "finders fee" a los proveedores ganadores de dichos contratos. Si el servicio es *pro bono*, la empresa puede involucrarse en la implementación, compitiendo con otros proveedores en el proceso de adquisición, y se esperaría que tuviera una ventaja por conocer mejor el proyecto y porque este se ajustaría mejor a las soluciones que normalmente comercializa.

Como supervisor técnico de un proyecto (con paga)
El trabajo de supervisión técnica consiste en apoyar a la organización en las etapas de reconocimiento, formalización y administración de un contrato. En esta función, la empresa proveedora representa los intereses de la organización cliente, normalmente sería una actividad remunerada (ya sea a precio fijo o a tiempo y materiales), y el supervisor técnico tendría prohibido participar en la ejecución del proyecto para evitar un posible conflicto de intereses.

Como integrador de una solución (con paga)

El rol de integrador de soluciones es una función bien definida en la práctica de desarrollo de sistemas de información. La complejidad de las tecnologías y la variedad de especialistas requeridos, hacen que la función de un integrador pueda resultar muy valiosa para una organización que no cuente con los recursos humanos especializados con suficiente experiencia para garantizar el éxito del proyecto. En algunos casos, el integrador subcontrata los servicios del resto de los proveedores, en otras, su función es simplemente coordinar diferentes empresas. De cualquier forma, el trabajo de un integrador es remunerado (ya sea directamente por el cliente o por otros proveedores, y generalmente a precio fijo) pues asume los riesgos de fallas y problemas de implementación e integración de soluciones.

Como desarrollador o constructor de un proyecto o módulo

Otro papel bien reconocido en la industria es el de desarrollador o constructor de un proyecto. Esta función es igual a la de integrador de soluciones desde el punto de vista que se cobra por entregar una solución completa. Generalmente, los contratos de empresas son a precio fijo definidos desde el inicio del proyecto.

12.9.- Resumen

- Las tres fases del proceso de adquisiciones son: reconocimiento de la necesidad, formalización del contrato, y administración del contrato.
- Durante el reconocimiento de la necesidad, se definen los proyectos a adquirir y se preparan las especificaciones de lo que se busca adquirir.
- Formalización del contrato, es generalmente un proceso muy rígido manejado por áreas especializadas en negociación o adquisiciones.
- En organizaciones muy formales, como entidades públicas, donde las adquisiciones se rigen por un conjunto de leyes muy estrictas, las inversiones mayores se deben adquirir vía una licitación pública.
- Durante la ejecución del contrato se desarrolla el proyecto.
- El cliente es responsable de supervisar que el producto recibido cumpla con las especificaciones solicitadas y esté completo, con los manuales y capacitación que se haya acordado en el contrato.

- Es importante evaluar formalmente las modificaciones al proyecto que puedan surgir luego de la firma del contrato, pues pueden afectar el costo o tiempo de entrega del proyecto final.
- Entender el papel que pueden jugar los socios tecnológicos es crucial pues permite aprovechar recursos externos para buscar mejores soluciones y al mismo tiempo evita que se violen las leyes o se caiga en conflicto de intereses.
- Para un proveedor, es importante reconocer el tipo de involucramiento que puede tener con un cliente y planear sus procesos de preventa y venta de productos y servicios.

12.10.- Ejercicios de repaso
Preguntas

1. ¿Cuáles son las tres fases del proceso de adquisiciones?
2. ¿En qué etapa del ciclo de vida de sistemas ocurre el reconocimiento de la necesidad?
3. ¿Por qué se necesita un área especializada en algunas organizaciones para la formalización del contrato?
4. ¿Qué tipo de seguimiento se le debe dar al proveedor durante la ejecución del contrato?
5. ¿Qué es el control d cambios y porqué es importante?
6. ¿En qué etapa del proceso de adquisición de tecnología le convendría a un proveedor involucrarse con un cliente potencial?
7. ¿Qué roles puede jugar un socio tecnológico con un cliente durante su proceso de adquisición de tecnología?

Ejercicios

1. Encuentra un contrato de tecnología en Internet identifica lo siguiente:
   - ¿Cuál es el objeto del contrato?
   - ¿Quiénes son las partes?
   - ¿Qué cláusulas tiene el contrato?
2. Busca las bases de una licitación pública
   - ¿Qué se está adquiriendo?
   - ¿Cuáles son las fechas de la licitación y sus eventos?
   - ¿Qué requisitos hay del proveedor?
3. Nombre cinco socios tecnológicos potenciales para una empresa.
4. Identifica algunas actividades (conferencias, demostraciones, casos, etc.) disponible de empresas proveedoras de tecnología.

Módulo V

Otras Habilidades del CIO

Capítulo 13

Asuntos Legales y Éticos

"Si eres un líder que dirige la conducta de la multitud, procura siempre ser virtuoso, que tu propia conducta sea sin defectos."

Las Instrucciones de Ptah-Hotep, Egipto, 2375-2350 a. C. [Gunn, 1906]

13.1.- Objetivos de aprendizaje

- Valorar el costo para un directivo de pasar por alto los asuntos legales o éticos.
- Entender qué es y cuáles son los elementos de un contrato.
- Conocer qué es una patente y qué tipo de protección otorga.
- Saber qué es el derecho de autor y los derechos que confiere.
- Definir las características de un secreto industrial.
- Saber por qué la tecnología representa nuevas situaciones y retos para la aplicación de los principios éticos.
- Entender cómo analizar y aplicar los principios éticos.

13.2.- El costo para un directivo de pasar por alto los asuntos legales o éticos

Al pensar en el trabajo de un director de tecnologías (CIO) el tema que viene a la mente es equipo de cómputo. Si se tiene algo de conocimiento de la materia, la discusión podría incluir software, datos e incluso hasta telecomunicaciones. Pero cuando se ha trabajado en el área por un tiempo, es fácil ver que el trabajo de un CIO, como el de cualquier ejecutivo en una empresa, también debe incluir temas legales y éticos.

Hace un par de años, leíamos en las noticias que Travis Kalanick, el CEO de UBER, renunciaba a su puesto en la empresa que él ayudó a crear, en medio de alegatos de comportamientos poco éticos [BBC Mundo, 2017]. Poco después, Harvey Weinstein, un poderoso productor de Hollywood, fue despedido de su propia compañía y expulsado de la academia de artes y ciencias cinematográficas por presuntos avances inapropiados a actrices. Los Hashtags #metoo y #timesup habían nacido [BBC Mundo, 2017-2].

El fenómeno no terminó ahí. Dos años después, la empresa de comida rápida McDonald´s despedía a su CEO, Steve Easterbrook, por "mostrar pobre juicio al involucrarse en una relación consensuada con una empleada" [Weiner-Bronner, 2019].

Desafortunadamente tampoco es algo nuevo. En uno de los textos más antiguos, las Instrucciones de Pathhotep, escrito entre 2375 y 2350 AC, uno de los consejos que se dan a un futuro servidor púbico es: "mil hombreas han sufrido la ruina por los placeres de un tiempo tan corto como un sueño" [Gunn, 1906].

Tampoco estos son los únicos problemas éticos que pueden costar carrearas. En 2016, el Departamento de Justicia de Estados Unidos señala a 12 países de haber recibido millonarios sobornos por parte de la constructora brasileña Odebrecht, a cambio de contratos [Matute Urdaneta, 2016]. Como resultado de las investigaciones, varios presidentes, ministros y legisladores de países en Centro y Sudamérica están siendo investigados o han terminado en la cárcel [Carranza, Robbins, y Dalby, 2019]

Hoy el New York Times tiene una sección completa para tratar violaciones éticas en los negocios (https://www.nytimes.com/topic/subject/ethics) ¿Qué tan importante resultan ser los aspectos éticos para una empresa?

Respecto a los asuntos legales, el no seguir los procesos de adquisiciones en ventas a gobierno, no revisar a detalle todas las cláusulas de un contrato, o no respetar los derechos de autor, puede llevar a arrestos, juicios, pérdidas millonarias y hasta órdenes de aprehensión para algunos de los ejecutivos de la organización. Como resultó en el caso del proyecto de IBM con la Procuraduría de General de Justicia del Distrito Federal, que en 1998 llevó a la compañía a pagar 37.5 millones de dólares, luego de un juicio y órdenes de aprehensión giradas a tres altos ejecutivos de IBM y 19 ex funcionarios de la dependencia [Ortiz Moreno, 1998; DiarioTI, 1998].

13.3.- Contratos

Las relaciones y acuerdos que ocurren entre personas (ya sean físicas o morales) en México se regula por el Código Civil Federal. Este documento trata temas como matrimonios, uso y posesión de bienes, y contratos, entre otros.

Artículo 1792 dice que un contrato es un convenio de dos o más partes para producir o transferir obligaciones o derechos. [Cámara de Diputados del H. Congreso de la Unión, 2021]. En un contrato se ofrece y acepta una obligación mutua, entre varias partes, legalmente competentes para entrar en el acuerdo.

Los elementos legales, componentes, interpretaciones y alcances de un contrato son materia del Derecho Civil y están fuera del alcance de esta sección. Aquí se busca solamente presentar los conceptos y componentes principales.

Minicaso: Me faltó un renglón en el contrato

La empresa Sistemas Modernos de Estambul (un nombre ficticio) firmó un contrato muy importante con La Secretaría de Gobierno de un estado, para construir un sistema que simplificara la entrega y recepción de oficinas cuando hay cambio de gobernador. Como SM-Estambul es integrador de soluciones, este contrató a Micro Desarrollos de Kiev (otro nombre ficticio) para que fabricara el software central del paquete, firmando un contrato con ellos.

El proyecto se completó a tiempo y se entregó al cliente. El problema surge cuando el cliente le dice a SM-Estambul que quiere los códigos fuente de la solución que compraron, pues quiere compartirlos con otros estados que tienen el mismo problema. Normalmente esto no se haría, pero en el contrato decía que la Secretaría de Gobierno se convertía en dueña del software producido y podía hacer específicamente eso.

SM-Estambul llama a Micro Desarrollos de Kiev para pedirle los códigos. La empresa rehúsa entregarlos argumentando que, si hicieran eso, ellos ya no podrían vender su programa en otros estados. Adicionalmente, el ceder los códigos no estaba en el contrato que firmaron las dos empresas.

SM-Estambul no pudo entregar los códigos al cliente, por lo que no cumplió con su parte del contrato. Luego de varias peleas, la empresa tuvo que entregar la solución operando y regresar la mayor parte del pago del cliente.

Moraleja: Es importante leer muy bien los contratos antes de firmarlos.

La idea principal atrás de un contrato es que, si ya hay un acuerdo entre dos partes que se va a hacer algo, y se formaliza esto en un contrato, ninguna de las partes podrá retractarse o hacer algo distinto (a menos que eso está contemplado en los términos del contrato). Si se violaran esos términos, la parte ofendida podría, en un caso extremo, llevar a la corte al ofendido, y si se han violado los términos, la corte puede obligar a las partes a cumplir con lo pactado. Por lo tanto, si hay un contrato, uno puede esperar que se cumplirá con lo dicho, pues de no hacerlo se le puede forzar a cumplir a un costo mayor.

El objetivo final de un contrato es que nunca se tenga que utilizar y que las partes cumplan con lo estipulado, de esta forma se puede tener una interacción más sencilla y esto ahorra recursos para todos los participantes.

Un contrato puede ser escrito o verbal, sin embargo, para poder probar su existencia ante una corte, es importante que exista prueba irrefutable de su existencia, y esto se logra más fácilmente con un contrato escrito.

En un contrato hay dos elementos principales:

- Consentimiento
- Y un objeto que pueda ser materia de un contrato

En nuestra cultura (y en la mayoría de los países) el consentimiento se demuestra firmando el documento del contrato. La mayoría de las veces, la firma es autógrafa (escrita a mano) en un papel donde están las cláusulas del contrato. Si se quiere asegurar que el contrato firmado no se ha modificado, algunas operaciones requieren que se coloque una inicial en cada hoja del contrato.

El acto de firmar un contrato significa que se está de acuerdo con todo lo que dice el documento, tal y como lo dice. Si hay un error o no se quiere aceptar una cláusula, es mejor no firmarlo hasta que se corrija o elimine la cláusula de desacuerdo.

El objeto del contrato puede ser un bien o un servicio. Hay diferentes tipos de contratos, por ejemplo:

- Compra-venta: el vendedor ofrece un bien y el comprador acuerda paga por este.
- Arrendamiento: El arrendador permite el uso de un bien al arrendatario quien paga una renta por ese uso.
- Empleo (prestación de servicios): Donde un patrón ofrece a un empleado la oportunidad de realizar un trabajo a cambio de un pago.
- Otros como: Permuta, Donación, Mutuo (préstamo), Comodato, Depósito, etc.

Normalmente un contrato tiene tres secciones principales: Identificación de las partes, cláusulas, y firmas. La primera parte presenta a los participantes, identifica quién está firmando el contrato y muestra que son legítimos representantes de la empresa a quien representan o que legalmente se pueden representar a sí mismos.

La segunda parte incluye los elementos del contrato: objetivo, duración, compromiso de cada parte, y lo que ocurre si una de las partes no cumple, entre otros.

La tercera parte incluye las firmas (generalmente autógrafas) de los participantes. Algunas veces también se incluyen las firmas de avales, que prometen asumir las responsabilidades de alguna de las partes en caso de incumplimiento, y de testigos, que son personas que certifican que el contrato se firmó sin presiones por personas calificadas y autorizadas para hacerlo.

13.4.- Patentes

La idea de la protección de una patente es que un inventor que ha dedicado parte de su vida a crear un nuevo dispositivo, desarrollar un nuevo procedimiento o un producto innovador, pueda obtener ganancias por su invento.

Una patente es un derecho exclusivo otorgado sobre un invento, que es un producto o un proceso que proporciona, en general, una nueva forma de hacer algo, u ofrece una nueva solución técnica a un problema. Para obtener una patente, la información técnica sobre el invento debe divulgarse al público en una solicitud de patente [WIPO, 2021].

Una patente otorga derechos al inventor generalmente por un período de 20 años a partir de la fecha de solicitud. La patente la otorga un país y es válida únicamente en su territorio [USPTO, 2021]. El solicitante debe tramitar una patente en todos los países donde planee aprovechar su invento.

Una patente protege inventos, mecanismos, productos, procesos o soluciones, etc. que cumplen con tres criterios [IMPI, 2021]:

1. **Novedad:** Se considera nuevo, todo aquello que no se encuentre en el estado de la técnica, es decir, en el conjunto de conocimientos técnicos que se han hecho públicos mediante una descripción oral o escrita, por la explotación o por cualquier otro medio de difusión o información, en el país o en el extranjero.
2. **Actividad Inventiva:** Es el proceso creativo cuyos resultados no se deduzcan del estado de la técnica en forma evidente para un técnico en la materia.
3. **Aplicación Industrial:** Es la posibilidad de ser producido o utilizado en cualquier rama de la actividad económica.

Durante la vida de la patente, el inventor puede licenciarla o venderla a quien considere conveniente. Al expirar los 20 años de protección, la patente puede ser aprovechada por cualquiera sin restricción, es decir, cualquiera puede fabricar le producto sin tener que pagarle a nadie. El hacer público el contenido de la patente muestra el producto que está protegido, pero también sirve para inspirar mejoras tecnológicas o nuevos productos a otros inventores.

Un lugar donde se pueden consultar patentes es en sitio de Internet de la Oficina de Patentes de los Estados Unidos (www.USPTO.gov). Otro sitio donde se pueden consultar documentos de patentes es en Google Patents (https://www.google.com/?tbm=pts).

Algunas patentes dejan de ser útiles antes del final de su validez, por ejemplo, cuando alguien inventa un producto superior que deja obsoleto al original. Otras patentes siguen siendo útiles incluso años después del final de su período. Por ejemplo, las medicinas que al final de los 20 años se pueden producir como medicinas genéricas a muy bajo costo pues no requirieron un gasto en investigación ni tienen que pagar derechos.

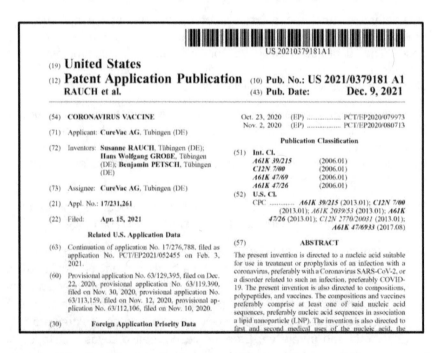

Figura 13.1 – Solicitud de patente en Estados Unidos para vacuna contra Coronavirus. Fuente: USPTO [2021b]

Minicaso: ¿Quién es el padre de Windows?

Antes que Apple creara sus sistemas operativos de Lisa y Macintosh, la interfase estándar en una PC era "C:>_" o simplemente ">_"

El sistema operativo de Apple revolucionó las interfases de usuario. Poco después, Microsoft libera Windows. Apple considera que Windows es muy parecido a su sistema operativo y demanda a Microsoft por copiar su "look and feel".

A la mitad de la pelea entre Apple y Microsoft, Xerox demanda a Apple argumentando que su interfase de usuario copia las interfases gráficas de usuario que ellos desarrollaron en su Palo Alto Research Center (que Apple visitó varias veces antes de diseñar su sistema operativo).

La demanda de Xerox a Apple fue eliminada por la corte. La demanda de Apple a Microsoft fue retirada probablemente por un acuerdo entre las partes.

Fuente: [Andrews 1993, Markoff, 1989]

13.5.- Derechos de autor

Una patente protege equipos, mecanismos y aparatos. El software, los diagramas, los diseños gráficos, videos y música (entre otros) se protegen mediante la figura de derechos de autor.

Los derechos de autor se componen de dos partes [INDAUTOR, 2021]:

- **Derechos morales:** el derecho de ser reconocido como el autor y poder modificar la obra. Este derecho nunca expira, un autor debe ser reconocido como autor de su obra incluso mucho después de su muerte.
- **Derechos patrimoniales:** el derecho para el autor, o terceros que este determine, de explotar comercialmente la obra. Este derecho es vigente durante toda la vida del autor más 50 años (en algunos países es 75 o 100 años).

La protección del derecho de autor abarca solo las expresiones, pero no las ideas, procedimientos, métodos de operación o conceptos matemáticos en sí. En la mayoría de los países, y conforme a lo que se dispone en el Convenio de Berna, la protección del derecho de autor se obtiene automáticamente sin necesidad de efectuar ningún registro ni otros trámites. La costumbre es colocar el símbolo © seguido del año de registro y el nombre del dueño de los derechos. Sin embargo, en la mayoría de los países existe un sistema de registro y depósito [OMPI, 2021b]. El registro puede resultar útil para dirimir controversias legales que puedan surgir. En México, el registro se realiza ante el Instituto Nacional del Derecho de Autor (INDAUTOR).

Figura 13.2 – Ejemplo de certificado de derechos de autor emitido por INDAUTOR. Fuente: e-tam.com.mx [2021]

13.6.- Secretos industriales

El 8 de mayo de 1886, el Dr. John Stith Pemberton vendió el primer vaso de Coca Cola en Jacobs' Pharmacy en el centro de la ciudad de Atlanta [Coca Cola, 2021]. Aunque se solicitó una patente por la fórmula en 1893, esta ha cambiado, y la nueva receta no ha sido patentada. Esto permite a la empresa seguir produciendo de forma exclusiva su bebida. De haberse patentado, la fórmula sería del conocimiento de todos y se podría usar y comercializar por cualquiera.

Un secreto industrial es un invento o información, que tiene un valor económico, y que no se conoce por el público.

La ventaja que ofrece un secreto industrial sobre una patente son que no expira, no cuesta y se puede aplicar inmediatamente. La desventaja es que no se puede prohibir a otros de usar el secreto (si lo conocen o descubren) y no se tiene una sólida protección legal contra otros usando el secreto en sus patentes.

Algunos famosos secretos industriales incluyen:

- La receta de Coca Cola
- El algoritmo de búsqueda de Google
- La receta secreta de Kentucky Fried Chicken
- Listerine
- WD-40
- La receta de las donas Krispy Kreme

La idea de un secreto es que no se comparta con el público, por lo que un secreto industrial jamás se colocaría en un documento que tiene derechos de autor. De igual forma, es improcedente declarar confidencial un documento que también reclama derechos de autor, o acusar a alguien de espionaje por imprimir copias de las patentes presentadas por una empresa.

13.7.- Principios de ética

Imaginemos que alguien compra un libro en una empresa en línea. Al comprar algo ahí, tiene que aceptar sus términos y condiciones. Eso lo hace checando un cuadro justo antes de completar la compra, y si no se marca ese cuadro no se puede completar la transacción. Casi nadie lee esos términos y muy probablemente uno de ellos dice es que la empresa puede compartir el nombre de sus clientes con otras empresas, incluso publicar la lista de libros que un cliente ha comprado. Muchas cláusulas están ahí para proteger legalmente a la empresa en caso de contingencias como ataques cibernéticos o fugas de información, pero normalmente no se espera que ejecuten esas cláusulas.

No es que alguien tenga algo que ocultar, pero si ellos hicieran pública la lista de compras de alguien, seguramente esa persona dejaría de comprar en esa empresa, incluso si publicaran la lista de alguien más, creo que muchos clientes dejarían de hacer negocio con esa empresa pues, si publican la lista de otro cliente, ¿qué evita que me hagan lo mismo a mí?

Esa actividad no sería ilegal, pero desde el punto de vista del cliente, violaría su derecho de privacidad, y lo podría considerar poco ético.

Quizá lo más interesante del tema es que las tendencias tecnológicas están planteando nuevas situaciones y preguntas que no habíamos tenido que enfrentar antes. Lo complicado es que hay actividades, perfectamente legales, que se pueden considerar poco éticas en ciertos casos y, eventualmente, dañar a la empresa.

¿Cómo se puede saber qué es correcto y conveniente, y qué no? ¿Cómo saber en qué casos una actividad es legal, pero no es ética? La sociedad apenas está empezando a abordar las cuestiones y dilemas éticos planteados por estos avances tecnológicos. El gobierno está empezando a aprobar leyes contra los delitos cibernéticos (el robo de identidad, por ejemplo), acoso, o intimidación (bullying), pero es difícil mantenerse un paso adelante de los delincuentes cibernéticos.

La ética en una sociedad de la información hace a cada persona responsable de sus actos. Cada persona es responsable de todo lo que haga, no importa qué tan anónima la acción puede parecer; y cada persona es responsable de las consecuencias que sus actos puedan infligir a otras personas y la sociedad en su conjunto.

La ética se refiere a los principios del bien y el mal que los individuos, actuando con libre albedrío, utilizan para guiar sus comportamientos.

Una forma de pensar sistemáticamente en términos de principios éticos es siguiendo los pasos del análisis ético. Un proceso de cinco pasos es [Laudon, 2019]:

1. Identificar claramente los hechos
2. Definir el conflicto y los valores involucrados
3. Identificar a los participantes
4. Identificar las opciones que se pueden tomar
5. Identificar las consecuencias potenciales de dichas acciones

Una vez analizado las opciones, la norma ética a seguir dependerá de las circunstancias y la sociedad. Algunos principios o reglas éticas, válidas en diferentes culturas, que han sobrevivido el paso de los años son [Laudon, 2019]:

- **Regla de oro:** Haz a otros como quieras que te hagan a ti.
- **Imperativa categórica de Immanuel Kant**: si algo no está bien que se haga a todos, no se le debe hacer a nadie.
- **Regla de cambio de Descartes:** Si algo no se puede hacer repetidamente, no se debe hacer en absoluto.

- **Principio de utilitarismo:** Seleccione la alternativa que represente el mayor valor
- **Principio de aversión al riesgo:** Tome la alternativa que implique menor daño o menor costo
- **Regla ética "nada es gratis":** Todo cuesta y todo es propiedad de alguien más a menos que exista una declaración específica al respecto

Al inicio del capítulo se mostró la importancia de mantenerse firme en los preceptos éticos. La mayoría de las empresas buscan utilidades por mucho tiempo. Sacrificar el futuro a cambio de una ganancia en el corto plazo puede resultar demasiado caro para una organización. Quizá por ello es que muchos entrevistadores buscarán identificar la sensibilidad ética de los posibles candidatos a puestos de trabajo. A nadie le gustaría contratar a alguien que piense que en los negocios "todo se vale".

Un lugar para investigar las conductas que se consideran apropiadas en diferentes profesiones es en los códigos de ética de las asociaciones profesionales. Algunos ejemplos son:

- AIS Code of Ethics and Professional Conduct, Association for Information Systems, https://aisnet.org/page/MemberCodeOfConduct [AIS, 2021]
- ACM Code of Ethics and Professional Conduct, Association for Computing Machinery, https://www.acm.org/code-of-ethics [ACM, 2021]
- IEEE Code of Ethics, Institute of Electrical and Electronics Engineers, https://www.ieee.org/about/at-a-glance.html [IEEE, 2021]
- Código de ética profesional, Instituto Mexicano de Contadores Públicos, http://imcp.org.mx/wp-content/uploads/2015/12/Codigo_de_Etica_Profesional_10a_ed1.pdf [IMCP, 2021]

13.8.- Resumen

- Un contrato es un convenio de dos o más partes para producir o transferir obligaciones o derechos. En un contrato se ofrece y acepta una obligación mutua, entre varias partes, legalmente competentes para entrar en el acuerdo.
- Una patente es un derecho exclusivo otorgado sobre un invento, que es un producto o un proceso que proporciona, en general, una

nueva forma de hacer algo, u ofrece una nueva solución técnica a un problema.

- El software, los diagramas, los diseños gráficos, videos y música (entre otros) se protegen mediante la figura de derechos de autor.
- Los derechos de autor se componen de dos partes:
  - Derechos morales: el derecho de ser reconocido como el autor.
  - Derechos patrimoniales: el derecho de explotar comercialmente la obra.
- Un secreto industrial es in invento o información, que tiene un valor económico, y que no se conoce por el público.
- La ética se refiere a los principios del bien y el mal que los individuos, actuando con libre albedrío, utilizan para guiar sus comportamientos. Hay actividades, perfectamente legales, que se pueden considerar poco éticas en ciertos casos y, eventualmente, dañar a la empresa.

13.9.- Ejercicios de repaso

Preguntas

1. ¿Qué es un contrato?
2. ¿Qué puede ser objeto de un contrato?
3. Menciona algunos tipos diferentes de contratos
4. ¿Cuáles son las pares de un contrato?
5. ¿Qué protege una patente y cómo?
6. ¿Qué es el derecho de autor?
7. ¿Qué derechos obtiene un autor con los derechos de autor?
8. ¿Qué es un secreto industrial
9. ¿Qué es ética?
10. ¿Cómo se resuelven los dilemas éticos?

Ejercicios

1. Busca un contrato en Internet, identifica el objeto del contrato, las cláusulas y los participantes.
2. Localiza una patente, reporte su fecha de solicitud, el objeto y el dueño.
3. Busca un documento que tenga derechos de autor. ¿A nombre de quién están?
4. Lista un secreto industrial que no se haya mencionado en el libro.

Capítulo 14

Negociación y Ventas

"Sell me this pen."

Jordan Belfort, interpretado por Leonardo DiCaprio en "The Wolf of Wall Street", 2013

14.1.- Objetivos de aprendizaje

- Saber qué es una negociación y qué es negociable.
- Conocer los objetivos de una negociación.
- Identificar las diferentes estrategias de negociación y saber cuándo aplicarlas.
- Conocer el proceso de negociación.
- Entender el proceso de ventas.
- Dominar los conceptos de venta de soluciones.

14.2.- Todo es negociación, pero no todo es negociable

Definir el alcance de un proyecto, su fecha de inicio, conseguir recursos para desarrollar software, incluso programar las vacaciones de alguien en la oficina, todo eso es negociación. Cuando uno piensa en negociaciones y ventas es común concentrarse en adquisiciones de bienes y servicios involucrando grandes cantidades de dinero. Eso sí es un proceso de negociación, pero también lo es el manejo de recursos humanos en la oficina, o incluso el decidir qué película ver esta noche. Un bebé que puede lograr que sus padres se levanten a las tres de la mañana para alimentarlo, por insólito que parezca, es un proceso de negociación.

Ahora bien, no todo es negociable. La cultura y costumbres definen ciertos límites a lo que se puede negociar. La libertad, la salud o el honor son cosas que no tienen precio. Los principios éticos juegan un papel muy importante poniendo límites a lo que se puede negociar.

Cualquier interacción humana es una negociación y es algo que inconscientemente hacemos desde que nacemos. Sin embargo, como es un proceso que parece natural, pocas veces se le presta atención a su funcionamiento y cómo mejorar las probabilidades de obtener lo que se busca.

Entender el proceso puede colocarnos en una posición donde tenemos una ventaja en el proceso y podemos aprovechar oportunidades para obtener lo que buscamos en una negociación. Es importante conocer lo que cada una de las partes busca y lo que está dispuesta a ceder. Es importante saber cuándo presionar y cuándo ceder en un proceso de negociación.

14.3.- Objetivos de una negociación

Al entrar a una negociación es importante saber qué es lo que se está buscando. De otra forma, ¿cómo vamos a saber si vale la pena negociar, o si ya se ha obtenido el objetivo?

Hay un ejercicio diseñado por la Prof. Mary Rowe [Rowe, 2001] para ilustrar las interacciones en una negociación. El ejercicio consiste en simular una negociación. Se divide un grupo en subgrupos de dos personas. Cada subgrupo tiene asignado un monto de dos dólares que tiene que dividirse entre ellos. Cada participante recibe una tarjeta con instrucciones.

El juego se repite tres veces. La primera vez, cada jugador recibe una tarjeta con un monto objetivo que debe buscar. El jugador debe acordar con su contraparte recibir tanto como pueda de los dos solares, pero al menos debe salir de la negociación con la cantidad indicada en su tarjeta. Los montos van desde veinticinco centavos hasta dos dólares.

Algunas parejas tienen un proceso sencillo, si ambos buscan veinticinco centavos, todos pueden lograr sus objetivos e incluso conseguir más de lo solicitado. Otras parejas tienen un proceso más complicado, sobre todo cuando la suma de los dos montos supera los dos dólares. Por ejemplo, si un jugador busca $1.25 y el otro necesita $1.50.

Entre los conceptos ilustrados en este ejercicio está el punto de resistencia (o punto de reserva) de cada jugador, y el rango de negociación (lo que queda entre los puntos de reserva) que puede ser positivo o negativo [Lewiki, Barry y Saunders, 2011]. Esto ilustra que uno de los objetivos al negociar puede ser la ganancia.

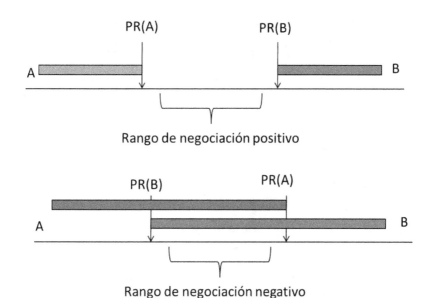

Figura 14.1.- Elementos en una negociación

En la segunda ronda se solicita que cada jugador cambie de pareja, se descarta la primera tarjeta de objetivos y cada jugador recibe una nueva tarjeta. La diferencia es que esta vez la tarjeta dice que busque conseguir todo lo que pueda de los dos dólares, pero que considere (por ejemplo) que tiene una reputación de ser un gran negociador en su empresa y que no los puede defraudar. Las tarjetas son diferentes, pero hablan de la relación, la reputación del jugador o de su contraparte, o de que es una figura pública y debe cuidar su imagen. Otras tarjetas tienen instrucciones de cómo manejar la negociación como: hable tan poco como pueda, o elija un valor y no ceda.

Este ejercicio ilustra dos elementos de una negociación adicionales a la ganancia: el yo o la reputación que se debe cuidar, y el proceso que se quiere seguir en la negociación.

En la tercera ronda se pide que regresen con su pareja original y se entrega una nueva tarjeta de instrucciones a cada jugador. Esa vez, las tarjetas hablan de que no se tiene tiempo que perder que se debe conseguir un trato pronto, o bien que el tiempo no es importante, que si no hay un acuerdo se puede tratar más tarde. También hablan de que la contraparte es un desconocido que no volverá a ver, o con quien tiene muchos negocios.

Esta fase de la simulación ilustra el cuarto objetivo, la relación con la contraparte. Si se busca una relación a largo plazo algunas veces se puede perder en alguna negociación para ganar más adelante.

Los cuatro elementos de los objetivos de una negociación se pueden recordar con las siglas GRIP (por sus iniciales sen inglés) y son [Budjac, 2017]:

- (G) Ganancia
- (R) Relación
- (I) Yo
- (P) Proceso

14.4.- Estrategias de negociación

El ejercicio de la sección anterior es un modelo de suma cero, es decir se puede ganar, perder, o llegar a un punto intermedio, pero lo que una parte gana, la otra pierde. En ese caso hay tres posibles estrategias de negociación: Acomodar (ceder los dos dólares a la contraparte), Competir (buscar que la contraparte quede en cero), o llegar a un compromiso (50%-50% o 75%-25%, etc.).

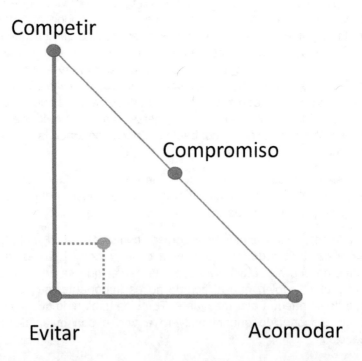

Figura 14.2.- Estrategias alternativas de negociación en un modelo de suma cero. Fuente: [Rowe, 2002].

Hay ciertas condiciones, más allá del objetivo de ganancia, que pueden llevar a elegir opciones diferentes a la de competir. Por ejemplo, si se elige acomodar (ceder), puede ser porque se está buscando un beneficio alterno. Cuando una pareja decide ir al cine y a cenar, muchas veces la selección de película no es importante, y se está dispuesto a ceder en ese punto, pues lo que se está negociando es el tiempo de la cena.

La opción de acomodar funciona cuando el asunto es poco importante y es más importante mantener la relación. Sin embargo, no es recomendable usarlo siempre pues se corre el riesgo de caer en depresión o perder el respeto.

La alternativa de competir es adecuada en caso de emergencia, o si se sabe que se está en lo correcto y eso es más importante que mantener la relación. No funciona cuando se utiliza rutinariamente.

Existe una alternativa adicional en este caso y es la opción de no negociar. Si no se puede obtener un resultado favorable, las condiciones de la negociación no son adecuadas, o el resultado a obtener no vale la pena el esfuerzo a invertir, se puede optar por no iniciar una negociación.

En la vida real, hay pocos casos de suma cero. Generalmente las negociaciones tienen tantas aristas que siempre es posible encontrar soluciones diferentes al todo o nada. Es posible encontrar algo significativo para cada una de las partes. Esta alternativa se llama colaboración, y ocurre cuando ambas partes obtienen un beneficio. Esto se conoce como el modelo ganar-ganar.

Por ejemplo, al vender un coche usado, si el trato es exitoso, tanto el comprador como el vendedor han ganado algo. El comprador tiene un coche a buen precio y el vendedor vendió su auto por un precio razonable.

La opción de colaboración (ganar-ganar) es casi siempre la más deseable. Es importante hacer un esfuerzo por encontrar un resultado de la negociación que resulte benéfico para todos los participantes.

De no seguir una de las cinco alternativas planteadas, existen dos opciones no deseables que serían el buscar la venganza o incluso llegar al extremo de buscar venganza, aunque eso signifique pérdida para ambas partes.

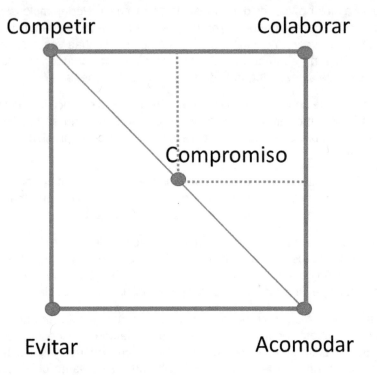

Figura 14.3.- Es preferible buscar la opción de usar la estrategia de colaboración (ganar-ganar). Fuente: [Rowe, 2002].

Minicaso: El Rey del Cabrito

El cabrito es una comida típica de Monterrey, en el norte de México. Un restaurante donde sirven ese platillo se llama "El Rey del Cabrito". Una característica de ese restaurante es que las paredes están llenas de fotografías del dueño del restaurante posando con artistas famosos que han visitado el local.

El dueño considera que esas fotografías muestran la calidad de su establecimiento y constantemente está buscando personajes famosos en su restaurante para fotografiarse con ellos. El artista recibe la comida gratis, el dueño una fotografía más para agregar a su colección.

¿Cuánto le cuesta al artista tomarse una foto? ¿Cuánto le cuesta al restaurante regalar una comida? ¿Quién gana más con ese trato?

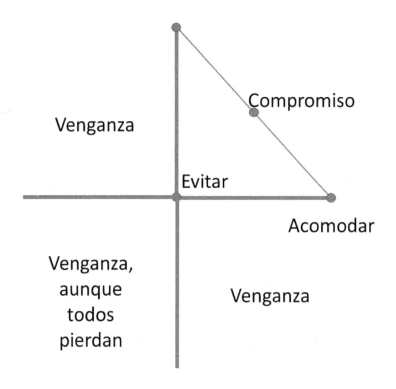

Venganza

Compromiso

Evitar

Acomodar

Venganza,
aunque
todos
pierdan

Venganza

Figura 14.4.- La venganza, y la venganza, aunque ambos pierdan, son estrategias de negociación no deseadas. Fuente: [Rowe, 2002].

14.5.- El proceso de negociación

Una negociación se puede dividir en cinco pasos. En cada etapa hay actividades que pueden ayudar a mejorar las probabilidades de obtener un resultado satisfactorio. En esta sección se presentan solo algunas de las recomendaciones más generales a seguir para cada etapa. Las etapas son [Budjac, 2017]:

1.   Preparación
2.   Introducción
3.   Inicio
4.   Intensificación
5.   Cierre

Preparación

La etapa de preparación ocurre antes de la negociación. Consiste en buscar toda la información del proceso, de nuestras necesidades y alternativas y de lo que busca la contraparte. Una negociación se gana antes de empezar a negociar.

Lo primero es definir qué es lo que se busca en términos de ganancia, relación, el yo y el proceso (GRIP) y anticipar lo que busca la contraparte. Es importante saber qué puntos se puede ceder y planear los argumentos y contraargumentos a utilizar. Se prepara una agenda y planes de contingencia en caso de cambios.

Introducción

Los primeros segundos de la negociación definen el tono y estilo a seguir. En esta fase se presentan los participantes, intercambian sus datos (nombre, título, y puesto) y tratan de establecer su legitimidad y fuerza en la negociación. Detalles como el lenguaje corporal, la ropa, o el arreglo de las sillas en la reunión, puede afectar el proceso. Es importante tratar de reducir los puntos que den ventajas a la contraparte.

Inicio

Al comenzar a negociar, el primer paso es hacer preguntas para tratar de confirmar la información recopilada durante la fase de preparación y definir cuál de las estrategias planeadas dará mejores resultados. Algunas estrategias en esta etapa son:

- Comenzar con los asuntos más grandes y tratar los detalles pequeños más adelante
- No hacer la primera oferta a menos que no haya alternativa
- La primera posición debe ser lo mejor que se puede aceptar, las cosas no van a mejorar desde ese punto
- Ignore posiciones extremas (si alguien inicia pidiendo millones de dólares simplemente diga que esto es un trabajo serio y pida una oferta real)

Intensificación

En esta fase se afinan los detalles de la negociación y se define un trato final. Entre las tácticas útiles en esta fase están:

- No ceda a menos que su contraparte también lo haga, y mantenga el tamaño de sus cambios relativamente similar al de su contraparte. El tamaño de los cambios se debe reducir conforme avanza la negociación
- Cuidado con proponer dividir la diferencia, se puede tomar como un nuevo punto de inicio y ya perdió la mitad del camino.
- Se puede tratar de distraer atacando puntos poco relevantes de la propuesta.
- Se puede intentar negociar en conjunto algunos puntos difíciles con puntos importantes para la contraparte.

Cierre

Una negociación no sirve si no se ha llegado a un acuerdo final. Hasta que se estrechan las manos o se firman los contactos, todo lo negociado se puede deshacer y cancelar. Algunas técnicas para facilitar esta etapa son:

- Crear presión de tiempo, para forzar un análisis corto.
- Ofrecer pequeñas concesiones, sobre todo puntos poco relevantes pero valiosos para la contraparte.
- No es recomendable recurrir a un ultimátum o a amenazas de cancelarlo todo a menos que se esté dispuesto a seguir con la amenaza (¿qué haría si amenaza con retirarse y le dicen que sí?).

14.6.- El proceso de ventas

Las personas normalmente no ven un producto y deciden comprarlo en ese momento. Especialmente para soluciones industriales con altos costos. El proceso inicia cuando el cliente se entera de la existencia del producto, lo analiza, ve si la compra es conveniente, inicia la negociación y adquiere el producto. No todos los que ven el producto lo compran y el proceso no es instantáneo.

Desde el punto de vista del vendedor el proceso de llevar a un cliente desde cuando no conoce la existencia del producto hasta el punto donde se cierra el trato se conoce como el embudo de ventas (o sales pipeline en inglés). La idea es que un embudo tiene una entrada muy ancha y una salida más pequeña. Muchos clientes se enteran de la existencia del producto, algunos lo analizan, varios deciden comprarlo y quizá unos pocos cierren el trato.

El embudo de ventas es una forma visual de apreciar dónde están los clientes en el proceso, pronosticar la atención que requiere cada cliente y las ventas esperadas por período [Horowitz, 2021]. Para diseñar el embudo es importante dividir el proceso en etapas. Esto varía según el tipo de producto a vender. Un cliente pasa un tiempo en cada etapa y luego puede pasar a la siguiente, o salirse de la lista.

En el caso de la venta de un sistema de cómputo, el proceso puede tardar seis meses y el cliente pasa de ser alguien que vio el producto en una conferencia, recibe la visita de un representante de ventas, recibe una propuesta, negocia un contrato, y firma un contrato. Muchos clientes pueden ver el producto, si se sabe cuántos de ellos llamarán, y a cuántos de los que llaman terminan firmando un contrato, se puede calcular cuántas demostraciones y con qué frecuencia son necesarias para completar los objetivos de ventas de la organización.

En el caso del proceso de reclutamiento para una universidad, los alumnos potenciales ven la presentación de la universidad, llenan un formato indicando que están interesados, reciben información adicional y llenan la solicitud, completan el examen de admisión, son admitidos y se inscriben. El embudo, en este caso tendría, seis etapas, y duraría aproximadamente seis meses. Si, por ejemplo, se sabe que 20% de los que ven una presentación llenan un formato y 25% de los que llenen un formato terminan inscribiéndose, es posible estimar que, para completar un cupo de 100 alumnos de nuevo ingreso, es necesario hacer 20 presentaciones a grupos de 100 estudiantes potenciales.

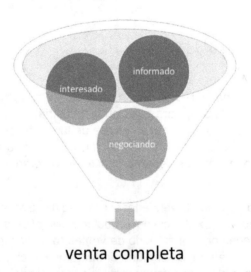

venta completa

Figura 14.5.- Ejemplo de un embudo de ventas. El cliente pasa de ser informado, a estar interesado, a negociar la compra, a completar la venta.

14.7.- Venta de soluciones

Una técnica para acercar los productos a los clientes y asegurar una venta consiste en encontrar al cliente que necesita el producto, y luego hacer la venta. Este proceso se llama Venta de Soluciones (o Solution Selling) [Bosworth, 1994].

La venta de soluciones parte de tres premisas:

1. Sin dolor no hay cambio
2. Lo único que motiva a la gente a gastar dinero es una necesidad insatisfecha
3. En mercados muy competidos, la ventaja está en el proceso de ventas, más que en el producto ofrecido

Administrar el dolor

Se conoce como dolor a una necesidad insatisfecha. Sin embargo, no todos los clientes que tienen esa necesidad, están conscientes que requieren del producto. Esto se conoce como dolor latente. El trabajo del vendedor es convertir el dolor latente en un dolor y luego ese dolor en una visión (que se ajuste a las características, ventajas y beneficios del producto que se está ofreciendo).

Así el ciclo del dolor consiste en tres pasos:

1. Dolor latente
2. Dolor
3. Visión

Minicaso: Pago de sueldos por depósito bancario

Para un vendedor de servicios bancarios, una empresa que paga sus sueldos usando sobres con efectivo es un cliente con un dolor latente. El trabajo del vendedor es convertir ese dolor latente en dolor. Esto se logra mostrando los costos de pagar con efectivo y los ahorros de pagar con depósito bancario. La idea es crear la visión en el cliente de que el/ella necesita un sistema de depósito bancario.

El siguiente paso es crear la visión. La frase a utilizar es: "imagínese cómo serían las cosas si tuviera …"

Si el cliente se visualiza con esa solución, lo que sigue es mostrar los servicios del banco y convencer al cliente que la solución que ofrece el banco A es la que mejor se ajusta a su visión. Luego de eso, el cliente es quien solicitaría el producto. La venta es automática.

Si se está tratando de vender la idea de un sistema de pago de sueldos mediante depósito directo en el banco, se busca un cliente que pague en efectivo (dolor latente), se trata que el cliente aprecie los costos y riesgos de pagar con efectivo (dolor). Se le dice: "imagínese si pudiera pagar a todos sus empleados al mismo tiempo sin las desventajas que implica pagar en efectivo" (visión).

Características, ventajas y beneficios

Al administrar el dolor, es importante que la visión que se cree coincida con el producto que se está ofreciendo. No tendría mucho sentido el trabajar para convencer al cliente que compre el producto de un competidor. Para ello es importante tener claras las características, ventajas y beneficios del producto que es ofrece.

Un ejemplo de esto sería que el sistema de depósito automático de sueldo del banco A es fácil de usar, es rápido, y cuesta muy poco.

Participe de la visión del comprador

Para guiar al comprador en la transición del dolor latente a la visión, Michael Bosworth presenta un modelo de nueve cajas que se puede seguir:

El proceso inicia con la primera columna preguntando cómo se hacen las cosas actualmente (identificar dolor latente). Luego se sigue con la segunda columna explorando los diferentes dolores que puede haber. Esta fase se repite tantas veces como dolores se hayan identificado (dolor latente a dolor). Finalmente se trabaja en la tercera columna culminando con la confirmación de la visión. "Por lo que entendí, si pudiera hacer (capacidades) usted solucionaría su (dolor)".

	Diagnostique las Razones	Explore los Impactos	Visualice las Capacidades
Abra	¿Cómo hace usted actualmente?	Además de a usted, ¿a quién más alcanza ese (Dolor) ¿Cómo?	¿Cómo se ve usted usando...?
Controle	Hoy usted...	Este (Dolor) está causando también... Si es afirmativo, ¿No hay otras áreas que también están siendo afectadas?	Usted también está buscando una forma de... También ayudaría si usted tuviera medios de ...
Confirme	Entonces, la manera en que usted procede hoy es ...	Por lo que entendí entonces, ese (Dolor) acaba afectando también las áreas... de manera...	Por lo que entendí entonces, si usted pudiera (repetir capacidades), usted solucionaría su (Dolor)

Figura 14.6.- Modelo de las nueve cajas [Bosworth, 1994]

Algunas veces, el cliente ya tiene una idea de su visión, en ese caso el modelo de las nueve cajas se maneja un poco diferente en un proceso que se conoce como reingeniería de la visión. Se inicia en los dos espacios superiores de la tercera columna, para identificar la visión actual. El punto aquí es identificar algunas diferencias entre la solución que se propone la que el cliente tiene en mente y luego trabajar sobre esas diferencias como los dolores a analizar. Esto se logra trabajando las columnas uno y dos, seguidas de la última caja de la tercera columna.

Suponiendo que el cliente ya tiene en mente el sistema de pago de nómina por depósito del banco B, y que la principal diferencia entre el banco B y el A (que usted representa) es que A tiene más sucursales, entonces buscaría que el número de sucursales fuera un dolor importante, para forzar la visión a incluir, no solo el pago por depósito directo, sino también que sea en un banco con más sucursales.

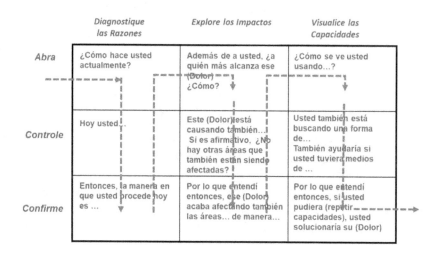

Figura 14.7.- Creando una visión [Bosworth, 1994]

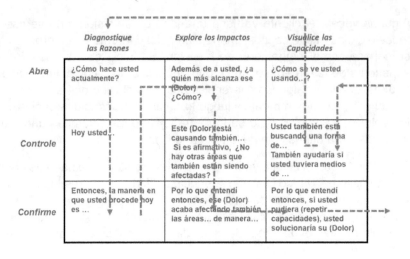

	Diagnostique las Razones	Explore los Impactos	Visualice las Capacidades
Abra	¿Cómo hace usted actualmente?	Además de a usted, ¿a quién más alcanza ese (Dolor) ¿Cómo?	¿Cómo se ve usted usando..?
Controle	Hoy usted...	Este (Dolor) está causando también... Si es afirmativo, ¿No hay otras áreas que también están siendo afectadas?	Usted también está buscando una forma de... También ayudaría si usted tuviera medios de ...
Confirme	Entonces, la manera en que usted procede hoy es ...	Por lo que entendí entonces, ese (Dolor) acaba afectando también las áreas... de manera...	Por lo que entendí entonces, si usted pudiera (repetir capacidades), usted solucionaría su (Dolor)

Figura 14.8.- Reingeniería de la visión [Bosworth, 1994]

14.8.- Resumen

- Cualquier interacción humana es una negociación y es algo que inconscientemente hacemos desde que nacemos, pero no todo es negociable.
- Los cuatro elementos de los objetivos de una negociación se pueden recordar con las siglas GRIP (por sus iniciales sen inglés) y son: (G) Ganancia, (R) Relación, (I) Yo, (P) Proceso.
- Hay diferentes estrategias de negociación: evitar, acomodar, competir y colaborar. Es preferible colaborar (ganar-ganar).
- El proceso de negociación consta de cinco pasos: Preparación, Introducción, Inicio, Intensificación, y Cierre.
- Una técnica para acercar los productos a los clientes y asegurar una venta consiste en encontrar al cliente que necesita el producto, y luego hacer la venta. Este proceso se llama Venta de Soluciones (o Solution Selling).

14.9.- Ejercicios de repaso

Preguntas

- ¿Qué es una negociación?
- Menciona algunos elementos no negociables
- ¿Cómo se determina qué es negociable?
- ¿Cómo se determinan los objetivos de una negociación?
- ¿Qué estrategias de negociación existen y cuándo se debe usar cada una?
- ¿Cuáles son los pasos del proceso de negociación?
- ¿Qué es el embudo de ventas?
- ¿En qué consiste la venta de soluciones?
- ¿Qué es administrar el dolor?
- ¿Cómo se puede hacer una reingeniería de una visión?

Ejercicios

1. Busca un clip de video de un programa de televisión llamado "El Precio de la Historia", analiza los pasos de negociación que se siguen en alguna de las negociaciones del programa.
2. Busca una negociación y determina los objetivos GRIP de ambas partes.
3. Localiza un ejemplo de venta de soluciones.
4. Identifica un producto y un cliente con un dolor potencial al que se le pueda crear la visión del producto.
5. Define las características, ventajas y beneficios de un sistema de CRM.

Capítulo 15

Presentación de Iniciativas de Negocio

"Hola, mi nombre es Mark Lim y ella es mi esposa Hanna. Somos los fundadores de Lollacup. Estamos hoy aquí buscando una inversión de cien mil dólares por una participación del 15% en el capital social de nuestra empresa."

Mark Lim, Lollacup pitch, Shark Tank, 2012

15.1.- Objetivos de aprendizaje

- Diferenciar entre un modelo de negocio y un plan de negocio.
- Conocer las ventajas de contar con un plan de negocio.
- Identificar las partes de un plan de negocio.
- Conocer el contenido y formato de las partes de un plan de negocio.

15.2.- La importancia de los planes de negocio

Entre los programas de realidad (reality shows) que han surgido, uno presenta una serie de empresarios mostrando sus proyectos a inversionistas potenciales en búsqueda de financiamiento y consejos. El programa se llama Shark Tank (Tanque de Tiburones) y hay formatos con inversionistas de diferentes geografías. Los tiburones hacen preguntas difíciles a los empresarios a cerca de las propuestas, después de todo, es su dinero el que estarían arriesgando. Si el inversionista tiene éxito, habrá asegurado como socio a un gran empresario y algo de dinero para crear o crecer su proyecto. Todo eso a cambio de un porcentaje de participación de su empresa.

En una empresa privada, la situación no es muy diferente. Los accionistas están arriesgando su dinero en los proyectos que le presentan los diferentes departamentos y áreas de la organización. El área de tecnología compite contra proyectos propuestos por Mercadotecnia, Producción, Finanzas, etc. para conseguir aprobación. Es importante poder presentar las propuestas de negocio del área de TI en forma ordenada, clara y en un lenguaje entendible por los inversionistas.

El lenguaje que se habla en el shark tank es el de propuestas de negocio. Se trata de medir el costo/beneficio de la propuesta y analizar el riesgo que esta lleva. Cualquier plan, de cualquier área, se debe poder traducir a dinero, valor y riesgo.

- **Un modelo de negocio** es un grupo de actividades diseñadas para producir una utilidad en el mercado.
- **Un plan de negocio** es un documento que describe un modelo de negocio.

Tener una gran idea no es suficiente. Es necesario también saber comunicarla y conseguir la aprobación y fondos necesarios. Saber cómo preparar y presentar un plan de negocios es una habilidad tan importante como su diseño.

Entre las ventajas de preparar un plan de negocios está:

- Es una herramienta de comunicación que pueda ayudar a conseguir financiamiento
- Obliga al diseñador a pensar en los elementos del negocio.
- Si un plan de negocios muestra que la idea no funciona, puede evitar un fracaso comercial antes de su arranque.
- El plan puede servir de guía durante la implementación del proyecto.
- Se puede usar para reclutar el talento de personas que quieran sumarse al proyecto.

15.3.- Elementos de un plan de negocio

Cada oportunidad de negocio es diferente, y cada situación es única, sin embargo, hay ciertos elementos que son comunes a todos los tipos de planes de negocio. Hay tres elementos que son clave para los inversionistas [Nuno, Raskino y Cox, 2021]:

- Ingresos o apoyo a la misión: ¿Genera nuevos ingresos? ¿Apoya la misión de la empresa? ¿Incrementa las ventas o reduce los costos? ¿Crea nuevos mercados?

- Costos y ahorros futuros: ¿Qué es lo que se está solicitando (dinero, recursos, aprobación)? ¿Cuáles son sus indicadores financieros?
- Riesgos: ¿Qué puede salir mal (fallas, regulación, infraestructura, reputación)? ¿Cuál es la probabilidad de que el proyecto no funcione como se espera?

El segundo punto importante tiene que ver con la forma de presentar la información. En algunas novelas literarias, se espera que el lector llegue hasta el último capítulo para que entienda ciertos detalles críticos de la trama. En un documento de negocios se espera que el lector tenga las respuestas que busca lo más rápido posible. Es por ello que el documento inicia con un resumen que indica qué se está solicitando, en qué consiste el proyecto y qué riesgos se corren.

Una organización sugerida para el documento es la siguiente [Turban, Volonino, y Wood, 2015; Laudon, 2019]:

0. Carta de presentación
1. Resumen ejecutivo
2. Descripción del negocio
3. Descripción del mercado
4. Ambiente competitivo
5. Estrategias de operación
6. Análisis financiero
7. Equipo de trabajo

15.4.- Carta de presentación

Cuando se envía una propuesta a un inversionista potencial o a un posible socio, el documento debe venir acompañado de una nota explicando qué es lo que se estaría recibiendo. La carta de presentación es una oportunidad de indicar en una sola página de qué trata el proyecto y qué es lo que se solicita.

La carta inicia con los datos de contacto y el saludo. El primer párrafo es corto y define el objetivo de la carta. Puede comenzar con: "Anexo a esta nota encontrará el documento de propuesta ..." o "confirmando nuestra conversación anexo documento para aprobación por el comité de inversiones...".

Los siguientes dos párrafos describen la oportunidad. Es importante dejar claro qué se está solicitando, en qué consiste el negocio, y por qué es una buena oportunidad.

El párrafo de cierre agradece al lector por sus atenciones y se reitera la disponibilidad para aclarar cualquier duda o proporcionar información adicional.

15.5.- Resumen ejecutivo

El resumen ejecutivo se coloca al inicio del documento, pero es lo último que se escribe. La sección concentra, en una página, todos los elementos del proyecto. Al igual que la carta de presentación, comienza por aclarar qué se solicita, en qué consiste el negocio y cuáles son los costos, beneficios y riesgos de la iniciativa.

El objetivo de esta sección es interesar al cliente en adentrarse en los detalles del proyecto y crear un marco de referencia para organizar las ideas que se presentan en el resto de la propuesta.

Una forma de organizar el resumen ejecutivo es alrededor del proceso de venta de soluciones. Convertir un dolor latente en dolor, el dolor en visión, y empatar la visión con las características, ventajas y beneficios del proyecto.

En el programa tanque de tiburones, el típico inicio de una presentación dice: "Estoy aquí para ofrecer el X% de mi compañía a cambio de una inversión de $$. El negocio consiste en ... y promete un retorno de inversión de %%" y luego continúa con los detalles del proyecto.

15.6.- Descripción del negocio

La primera sección describe la oportunidad del negocio. Responde a las preguntas de: ¿En qué consiste la oportunidad? ¿Cuál es la proposición de valor? ¿Por qué es necesario? Y ¿Cómo se va a monetizar?

La sección inicia presentando qué es lo que se solicita del lector. Hay diferentes objetivos de un plan de negocios y van desde soporte financiero, aprobación, consejo profesional, solo informar del proyecto, o buscar un socio o alguien que se agregue al proyecto.

Mientras la sección inicial responde al qué se busca, la proposición de valor indica por qué es importante. Responde a la pregunta de cuál es la necesidad del cliente que se está solucionando y por qué van a venir con nosotros por esa solución. Describe los beneficios del proyecto para el cliente, o ¿por qué van a comprar con nosotros? Algunas proposiciones de valor son: reducir el tiempo de compra, ofrecer el menor precio, ofrecer la mayor variedad, o atender un nicho del mercado.

La sección de monetización explica cómo se va a obtener ingreso del proyecto. Todo proyecto cuesta dinero, alguien tiene que pagar por el tiempo de los involucrados, el equipo de cómputo, los suministros o la programación. El proyecto debe dejar suficientes beneficios para recuperar los costos y proporcionar una utilidad razonable.

Algunas veces los beneficios son intangibles (mejoras en la imagen, o cumplimiento de una nueva ley) pero si el beneficio es tangible, ¿cómo se va a medir?

Los ingresos de un proyecto pueden provenir del producto o servicio que se proporciona y pueden tener la forma de:

- Publicidad: anuncios en la página (CNN, Disney, Facebook, Google)
- Suscripciones: servicios premium (Spotify, Amazon Prime)
- Cuota por transacción: Comisión por ejecutar algún servicio (ticketmaster)
- Ingreso por ventas: Utilidad por la venta de productos (Walmart, Amazon, Dell)
- Afiliación: Comisión del vendedor por llevarle clientes (Groupon)

15.7.- Descripción del mercado

En esta sección se responde a la pregunta de ¿quién es el cliente? Algunos productos están diseñados para un mercado muy amplio, por ejemplo, Coca Cola. Mientras que otros productos se construyen para un grupo específico de personas, por ejemplo, una revista para novias.

Hay productos que se segmentan por nivel adquisitivo. Un auto no es accesible para toda la población. Incluso un modelo de lujo no sería accesible para todos los que pueden comprar un automóvil.

Otras formas de segmentar el mercado podrían ser por región geográfica, por género, por profesión, o incluso por edad.

Esta sección demuestra que se conoce al mercado: ¿quiénes son? ¿Qué características tienen? Y ¿Por qué es probable que adquieran el producto?

> **Minicaso: ¿Cuál es el modelo de negocio de Amazon?**
>
> Amazon.com, Inc. es hoy una de las empresas más valiosas del mundo. Inició sus operaciones en 1994 como una librería en línea. Hoy es la mayor empresa de ventas al menudeo en Internet.
>
> Amazon no solo obtiene sus ingresos de sus ventas, también permite que terceros comercialicen sus productos en su sitio de Internet cobrando un porcentaje de las ventas de estos. Otra forma en la que gana dinero es permitiendo a sus afiliados anunciarse en su plataforma.
>
> Amazon también fabrica y vende algunos dispositivos electrónicos como sus tabletas Kindle y tiene un servicio donde permite a autores imprimir sus libros y venderlos.
>
> Amazon cuenta con varios servicios de suscripción, como Amazon Prime Video, conocido como Prime Video, que muestra películas y programas (incluyendo programación exclusiva y series propias) vía streaming. El servicio de Kindle Unlimited, otro servicio de suscripción, permite a los usuarios leer libros electrónicos ilimitados a cambio de un pago mensual.
>
> Se puede decir que Amazon, al igual que muchos otros negocios, no tiene un modelo de ingresos puro, sino que usa un modelo mixto.

15.8.- Ambiente competitivo

Una vez definido el producto y el mercado, la siguiente sección responde a la pregunta de ¿quién más está atendiendo nuestro mismo mercado? No todos los competidores que venden el mismo producto compiten con el proyecto pues podrían estar atendiendo a mercados diferentes. Por ejemplo, aunque Porsche y Ford vendan autos, normalmente atenderían a mercados muy diferentes.

Por otra parte, algunas veces, empresas en otros giros podrían estar buscando el dinero o tiempo de nuestros clientes y representar una competencia importante. Por ejemplo, Starbucks, en cierta forma, es un competidor de McDonald's. La gente va a uno o al otro, pero no a los dos lugares el mismo día.

Otro punto muy importante a tratar en esta sección es definir la ventaja competitiva que se tendría sobre la competencia identificada.

15.9.- Estrategias de operación

Dependiendo del producto o servicio a proporcionar, esta sección describe los elementos de negocio relevantes para la propuesta. Por ejemplo:

- Lugar de operación
- Equipo o instalaciones requeridas
- Logística
- Control de calidad
- Servicio al cliente
- Estructura organizacional

El número y tipo de elementos a discutir dependerá de la audiencia objetivo del documento, y del tipo de producto o servicio a desarrollar.

15.10.- Análisis financiero

En esta sección se analiza el proyecto desde el punto de vista de sus costos y beneficios. Es importante recordar que el dinero cambia de valor en el tiempo y que no es lo mismo tener un ingreso de cien hoy que dentro de un año. Por lo tanto, es valioso el poder presentar los flujos de efectivo durante la vida esperada del proyecto.

Algunos indicadores relevantes son el monto a invertir, el tiempo de retorno de la inversión, el valor presente neto y la tasa interna de rendimiento.

Una práctica común consiste en presentar tres escenarios en cada propuesta: el escenario esperado, el escenario optimista, y un escenario pesimista (most likely, best case y worst case). En el caso que todos los escenarios resultan favorables, es muy probable que el proyecto sea aprobado. Sin embargo, es posible que el escenario pesimista sea negativo mientras que el esperado y optimista resulten positivos. En esos casos es importante revisar el nivel de riesgo y la probabilidad que se dé cada escenario para determinar si se procede, o no, con el proyecto.

Excel es una herramienta muy poderosa y, si un proyecto no está presentando los resultados necesarios para su aprobación, es muy tentador tan solo cambiar la estimación de beneficios para que el resultado final sea aceptable. Esta práctica es peligrosa, pues si la estimación inicial era honesta y estaba bien calculada, va a ser difícil obtener los resultados prometidos en el análisis modificado.

Es conveniente modificar los análisis cuando se busca medir el esfuerzo necesario para que un proyecto sea rentable. Por ejemplo, si al ver un proyecto resulta que las ventas el año 3 deben ser de al menos $18,000 para que el VPN y la TIR resulten favorables, debemos preguntarnos ¿qué tan difícil es llegar a $18,000 en ventas? Si la respuesta, con toda honestidad, es que ese número no es ningún problema, entonces se puede presentar el proyecto ante las autoridades que lo analizan y solicitar el presupuesto para llevarlo a cabo. Si, por el contrario, encontramos que llegar a $18,000 en ventas requiere un esfuerzo extraordinario que nunca se ha logrado antes, es probable que el proyecto nunca entregue los resultados necesarios para considerarse rentable.

Es mucho mejor identificar un problema potencial cuando el proyecto está en la etapa de planeación y análisis, que esperar a la implementación para darse cuenta que se ha tomado la decisión equivocada.

Un buen análisis puede brindar la confianza que el proyecto tiene potencial y permitir a los tomadores de decisiones comparar diferentes alternativas de inversión. La TIR y el VPN permiten comparar los resultados esperados de proyectos diversos como tecnología, mercadotecnia, o producción, por mencionar algunos. Estos análisis permiten tomar la mejor decisión para el futuro de la organización. Quizá sea aquí donde se vea que el dinero "hace iguales al duque y al ganadero", aunque este ejemplo seguramente no era lo que originalmente intentaba ilustrar el poeta Francisco de Quevedo en el siglo XVII al escribir su poema "Poderoso caballero es don dinero".

15.11.- Equipo de trabajo

Un elemento que algunas veces se pasa por alto es el equipo de personas que estarían trabajando en el proyecto. Si ya se cuenta con un equipo es importante listar sus habilidades y experiencias para mostrar al inversionista potencial que el proyecto tiene mayores probabilidades de éxito.

Si no se cuenta con el personal, es importante listar las habilidades y experiencias necesarias para poder determinar si los recursos están disponibles en la organización o definir la complejidad de reclutarlos o de entrenar al personal actual para que ocupe los roles y realice las actividades necesarias.

15.12.- Resumen

- Un modelo de negocio es un grupo de actividades diseñadas para producir una utilidad en el mercado.
- Un plan de negocio es un documento que describe un modelo de negocio.
- Entre las ventajas de contar con un plan de negocios están:
    o Es una herramienta de comunicación que pueda ayudar a conseguir financiamiento.
    o Obliga al diseñador a pensar en los elementos de negocio.
    o Si un plan de negocios muestra que la idea no funciona, puede evitar un fracaso comercial antes de su arranque.
    o El plan puede servir de guía durante la implementación del proyecto.
    o Se puede usar para reclutar el talento de personas que quieran sumarse al proyecto.
- Organización sugerida para un plan de negocios
    0. Carta de presentación
    1. Resumen ejecutivo
    2. Descripción del negocio
    3. Descripción del mercado
    4. Ambiente competitivo
    5. Estrategias de operación
    6. Análisis financiero
    7. Equipo de trabajo

15.13.- Ejercicios de repaso

Preguntas

1. ¿Qué es un modelo de negocios?
2. ¿Qué es un plan de negocios?
3. ¿Qué ventajas tiene el tener un plan de negocios?
4. ¿Qué partes contiene un plan de negocios?
5. ¿Cuál es el valor de la carta de presentación?
6. ¿Para qué sirve el resumen ejecutivo?
7. ¿Qué competidores es importante mencionar en el análisis competitivo?
8. ¿Qué indicadores van en el análisis financiero?

Ejercicios

1. Para cada uno de los cinco modelos de ingresos que se listan en la descripción del negocio, encuentra un ejemplo en una empresa de Internet.
2. Elije una de las empresas del ejercicio anterior y define su tipo de negocio, tipo de mercado, ambiente competitivo, estrategias de operación y equipo de trabajo.
3. Busca un clip de un pitch del programa de TV Shark Tank. Verifica cuáles de los elementos del plan de negocios listado en este capítulo se usan en la propuesta.

Referencias

Capítulo 1

[Apple Insider, 2021] Apple Insider, "Apple Watch", ai, 2021, consultado diciembre 2021 en https://appleinsider.com/inside/apple-watch

[Avast, 2021] Avast, "¿Qué es el streaming y cómo funciona?" Avast, 2021, consultado en diciembre 2021 en https://www.avast.com/es-es/c-what-is-streaming#gref

[Companiesmarketcap, 2025] companiesmarketcap, "Largest Companies by Market Cap", companiesmarketcap.com, consultado en febrero 2025 en https://companiesmarketcap.com/

[Davis & Olson, 1985] Davis, G.B., and Olson, M.H., "Management Information Systems: Conceptual Foundations, Structure and Development" second edition, McGraw-Hill, 1985.

[Forbes, 2025] Forbes, "World's Billionaires List: The Richest in 2024", Forbes, 2025, consultado en febrero de 2025 en https://www.forbes.com/billionaires/

[Kharpal, 2020] Kharpal, A., "Apple Watch outsold the entire Swiss watch industry in 2019", CNBC, febrero 2020. Consultado diciembre 2021 en https://www.cnbc.com/2020/02/06/apple-watch-outsold-the-entire-swiss-watch-industry-in-2019.html

[McFarlan, 1984], McFarlan, W., "Information technology changes the way you compete", Harvard Business Review., Vol. 62 Issue 3, p98-103. May/Jun 1984.

[Montredo, 2019] Montredo, "Top 10 Swiss Watch Brands" Montredo.com mayo 2019, consultado en diciembre 2021 en https://www.montredo.com/top-10-swiss-watch-brands/

[Ohmae, 1991] Ohmae K., "The Mind of the Strategist: The Art of Japanese Business", ISBN: 978-0070479043, McGraw-Hill, New York, 1991.

[Porter, 1980] Porter, M. E. "Competitive Strategy". ISBN 978-0-684-84148-9. Free Press, 1980.

[Porter, 2005] Porter, M. "The CEO as strategist," in "Strategy bites back: It is a lot more, and less, than you ever imagined", Henry Mintzberg, Bruce W. Ahlstrand, and Joseph Lampel (eds.) pp. 45, Pearson Education, 2005.

[Porter y Millard, 1985] Porter, M.E., & Millard, V.E., "How Information Gives You Competitive Advantage", Harvard Business Review, Vol. 63 Issue 4, pp. 149-160, July-August 1985.

[Selectra, 2021] Selectra, "Las mejores plataformas de streaming en México: Netflix, Disney +, Amazon Prime y más" Selectra, 2021, consultado diciembre 2021 en https://selectra.mx/streaming

Capítulo 2

[9001Academy, 2021] 9001Academy, "What is ISO 9001?", 9001 Academy, 2021, consultado en diciembre 2021 en https://advisera.com/9001academy/what-is-iso-9001/

[Anand, 2019] Anand, A.; "The Service Value Chain, and Service Value Streams" ITIL 4: Connecting key concepts – Part 4, AXELOS 2019, consultado en diciembre 2021 en https://www.axelos.com/resource-hub/blog/itil-4-connecting-key-concepts-part-4

[ASQ, 2021] ASQ, "What is the plan-do-check-act (pdca) cycle?", ASQ, 2021, consultado en diciembre 2021 en https://asq.org/quality-resources/pdca-cycle

[Barrows, 2019] Barrows, E., "What Is Strategy Execution?" American Management Association, January 24, 2019, consultado en diciembre 2021 en https://www.amanet.org/articles/what-is-strategy-execution/

[Hanna et al., 2009] Hanna A.; Windebank J.; Adams S.; Sowerby J.; Rance S.; Cartlidge A.; "ITIL V3 Foundation Handbook", ISBN: 9780113311989, The Stationary Office, Norwich, UK, 2009.

[Humphrey, 1988] Humphrey, W. S. "Characterizing the software process: a maturity framework". IEEE Software. 5 (2): March 1988.

[ISACA 2021] ISACA, "COBIT an ISACA Framework: Effective IT Governance at your Fingertips", ISACA 2021, consultado en diciemrbe 2021 en https://www.isaca.org/resources/cobit

[ISO, 2021] International Standards Organization, "ISO 9000 Family: Quality Management", ISO, 2021, consultado en diciembre 2021 en https://www.iso.org/iso-9001-quality-management.html

[Kaplan y Norton, 1992] Kaplan R,; Norton D.; "The Balanced Scorecard – Measures That Drive Performance" Harvard Business Review, Vol. 70, Issue 1, January–February 1992.

[Kaplan y Norton, 2004] Kaplan, R.S.; y Norton, D.P. "How strategy maps frame an organization's objectives", FINANCIAL EXECUTIVE, Vol. 20, Issue 2, March/April 2004.

[Lankhorst et al., 2009] Lankhorst, M., et al., "Enterprise Architecture at Work", The Enterprise Engineering Series, ISBN: 978-3-642-01309-6, Springer-Verlag Berlin Heidelberg, 2009.

[Nag, Hambrick, y Chen, 2007] Nag, R.; Hambrick, D. C.; Chen, M. "What is strategic management, really? Inductive derivation of a consensus definition of the field." Strategic Management Journal (John Wiley & Sons, Inc.), Vol. 28, Issue 9, September 2007.

[Neely, Adams, y Crowe, 2001] Neely, A.; Adams, C.; y Crowe, P.; "the performance prism in practice", Measuring Business Excellence, Vol. 5, Issue 2, 2001.

[Ohmae, 1991] Ohmae K., "The Mind of the Strategist: The Art of Japanese Business", ISBN: 978-0070479043, McGraw-Hill, New York, 1991.

[Porter, 1980] Porter, M. E. "Competitive Strategy", ISBN 978-0-684-84148-9. Free Press, 1980.

[Porter, 1996] Porter, M., "What Is Strategy?", Harvard Business Review, Vol. 74 Issue 6, Nov/Dec96.

[Powell, 2012] Powell, C.; "It Worked for Me: In Life and Leadership", ISBN: 978-0062135131, Harper, 2012.

[Roncancio, 2018] Gabriel Roncancio G.; "¿Qué es el Balanced Scorecard o Cuadro de Mando Integral? Un resumen", Pensemos, noviembre 2018, consultado diciembre 2021 en https://gestion.pensemos.com/que-es-el-balanced-scorecard-o-cuadro-de-mando-integral-un-resumen

[Smart Business, 2021] Smart Business, "ISO 9001:2015 Quality Management System Main clauses", Smart Business, 2021, consultado en diciembre 2021 en https://smartbusinesseg.com/2017/04/18/iso-90012015-quality-management-system-requirements/

[Weill & Ross, 2004] Peter Weill, Jeanne W. Ross, "IT governance: how top performers manage IT decision rights for superior results", ISBN:781591392538, Harvard Business Press, 2004.

[White, 2019] Sarah K. White, S. K.; "What is COBIT? A framework for alignment and governance", CIO, January 2019, consultado en diciembre 2021 en https://www.cio.com/article/3243684/what-is-cobit-a-framework-for-alignment-and-governance.html

Capítulo 3

[Alighieri, 1305] Alighieri, D.; "De vulgari eloquentia" Cambridge Medieval Classics, Series Number 5, ISBN: 978-0929837444, Cambridge University Press, Cambridge, 2005.

[Kirchmer, 2017] Kirchmer, M, "High Performance through Business Process Management: Strategy Execution in a Digital World", Third Edition, ISBN: 978-3-319-51219-4, Springer, 2017.

[Lankhorst, et al., 2009] M. Lankhorst et al.; "Enterprise Architecture at Work", The Enterprise Engineering Series, ISBN: 978-3-642-01309-6, Springer-Verlag, Berlin Heidelberg, 2009.

[Minoli, 2008] Minoli, D.; "Enterprise architecture A to Z : frameworks, business process modeling", SOA, and infrastructure technology, ISBN 978-0-8493-8517-9, CRC Press, 2008.

[Nextech, 2019], Nextech Education Center, "¿Qué es BPMN y para qué sirve?", 2019, consultado en diciembre 2021 en https://nextech.pe/que-es-bpmn-y-para-que-sirve/

[Object Management Group, 2020], Object Management Group, "About the Business Process Model and Notation Specification Version 2.0", 2020, consultado en marzo 2020 en https://www.omg.org/spec/BPMN/2.0/

[Richardson, Chang & Smith, 2020] Richardson, V., Chang, C., Smith, R, "Accounting information systems", ISBN:978-1260571080, McGraw-Hill, 2020.

[Weske, 2012] Weske, M., "Business Process Management: Concepts, Languages, Architectures", Second Edition, ISBN: 978-3-642-28615-5, Springer, 2012.

[Wikipedia, 2021] Wikipedia "Motor de combustión interna", consultado en diciembre 2021 en https://es.wikipedia.org/wiki/Motor_de_combusti%C3%B3n_interna

Capítulo 4

[Cadbury, et al, 1992] Cadbury, A., et al., "Report of the committee on the financial aspects of corporate governance" The Committee on the Financial Aspects of Corporate Governance and Gee and Co. Ltd., 1992, consultado en diciembre 2021 https://ecgi.global/sites/default/files//codes/documents/cadbury.pdf

[Leavitt y Whisler, 1958] Leavitt, H.; y Whisler, T.; "Management in the 1980's." Harvard Business Review, Vol. 36, Issue 6, November-December, 1958.

[Selig, 2008] Selig, Gad J., "Implementing IT Governance: A Practical Guide to Global Best Practices in IT Management", ISBN: 978 90 8753119 5, Van Haren Publishing, 2008.

[Sun Tzu, siglo V ac] Sun Tzu. "El arte de la guerra" originalmente publicado siglo V antes de Cristo. Consultado en diciembre 2021 en https://freeditorial.com/en/books/el-arte-de-la-guerra

[Weill & Ross, 2004] Peter Weill, Jeanne W. Ross, "IT governance: how top performers manage IT decision rights for superior results", ISBN:781591392538, Harvard Business Press, 2004.

Capítulo 5

[Alanís, 2020], Alanís, M., "La transformación Digital del Gobierno: Misma Tecnología, Diferentes Reglas, Mucho Más en Juego", ISBN: 9798616079961, Amazon, 2020.

[Alanís, 2021] Alanís, M., "Administración de Proyectos de Inteligencia de Negocios", ISBN: 9798745505874, Amazon, 2021.

[Baca Urbina, 2015] Baca Urbina, G. "Ingeniería Económica" ISBN: 9786071512444, McGraw-Hill Interamericana, México, D.F., 2015.

[Cameron, 1963] Cameron, William Bruce, "Informal Sociology, a casual introduction to sociological thinking" Random House, New York. 1963.

[Cemex, 2021] Cemex, "Ley Sarbanes Oxley", consultado diciembre 2021 en https://www.cemex.com/es/inversionistas/gobierno-corporativo/ley-sarbanes-oxley#navigate

Capítulo 6

[Asimov, 1983] Asimov, I.; "The Roving Mind", ISBN: 0-87975-201-7, Prometheus Books, Buffalo N. Y., 1983.

[Devaraj y Kohli, 2000] Devaraj, S.; y Kohli, R.; "Information Technology Payoff in the Health-Care Industry: A Longitudinal Study", Journal of Management Information Systems, Vol. 16, No. 4; M.E.Sharpe, Inc.; 2000.

[Kohli y Sherer, 2002] Kohli, R.; Sherer, D.A.; "Measuring Payoff of Information Technology Investments: Research Issues and Guidelines,", Communications of the Association for Information Systems; Vol. 9, Article 14; 2002, consultado en diciembre 2021 en https://aisel.aisnet.org/cais/vol9/iss1/14

[Kohli, Sherer, y Barton, 2003] Kohli, R.; Sherer, D.A.; Baron, A.; "IT Investment Payoff in E-Business Environments: Research Issues", Information Systems Frontiers 5:3, Kluwer Academic Publishers, The Netherlands, 2003.

[Naegle y Ganly, 2020] Naegle, R.; y Ganly, C.; "Tell an IT Value Story That Matters to Business Leadership" Gartner, ID G00385725, Published 30 April 2019 - Refreshed 13 October 2020.

[NetSD, 2021] NetSD, "¿Por qué las empresas mexicanas deben invertir en tecnología?", NetSD, 2021, consultado en diciembre 2021 en https://netsd.mx/empresas-mexicanas-invertir-tecnologia/

Capítulo 7

[Buffett, 2002] Warren Buffett,W.; "Chairman's Letter – 2001" Berkshire Hathaway (February 28, 2002). Consultada en: https://www.berkshirehathaway.com/letters/2001pdf.pdf

[Edmead, 2020] Edmead, M.T., "Using COBIT 2019 to Plan and Execute an Organization's Transformation Strategy", ISACA Industry News, ISACA, 28 September 2020 consultado en diciembre 2021 en https://www.isaca.org/resources/news-and-trends/industry-news/2020/using-cobit-2019-to-plan-and-execute-an-organization-transformation-strategy#

[Harmer, 2013] Harmer, G., "Governance of Enterprise IT based on COBIT 5: A Management Guide", ISBN: 978-1-84928-519-3, IT Governance Publishing, Cambridgeshire, UK, 2013

[ISACA, 2018] ISACA "COBIT® 2019 Framework: Introduction and Methodology", ISBN: 978-1-60420-644-9 ISACA, USA, 2018.

[ISACA, 2018], ISACA, "COBIT® 2019 Framework: Governance and Management Objectives", ISBN 978-1-60420-764-4, ISACA, 2018.

[ISACA, 2021] ISACA, "COBIT CASE STUDIES", ISACA, 2021 consultado diciembre 2021 en https://www.isaca.org/resources/cobit/cobit-case-studies

[ISACA 2021] ISACA, "COBIT Over the Years", ISACA, 2021, consultado en diciembre 2021 en https://www.isaca.org/why-isaca/about-us/isaca-50/cobit-over-the-years

[Lainhart, 2018] Lainhart, J., "Introducing COBIT 2019: The Motivation for the Update?" COBIT Focus, 29 October 2018, consultado en diciembre 2021 en https://www.isaca.org/resources/news-and-trends/industry-news/2018/introducing-cobit-2019-the-motivation-for-the-update

Capítulo 8

[CIO Source, 2018] CIO Source, "The Ideal Structure for an IT Department in a Growing Business" CIO Source, June 29, 2018, consultado en diciembre 2021 en https://www.ciosrc.com/blog/the-ideal-structure-for-an-it-department-in-a-growing-business/

[Drucker, 2008] Drucker, P. F.; "Management: Revised Edition", ISBN: 978-0061252662, Harper-Collins Publishers, New York, 2008.

[Essent, 2021] Essent, "The Top 10 Benefits of Outsourcing IT through Managed Services", ESSENT, 2021, consultado en diciembre 2021 en https://www.essent.com/News/Blog/The-Top-10-Benefits-of-Outsourcing-IT-through-Managed-Services-284-24.htm

[Executech, 2021] Executech, "Advantages and Disadvantages of IT Outsourcing", Executech, 2021, consultado en diciembre 2021 en https://www.executech.com/insights/advantages-and-disadvantages-of-it-outsourcing/

[Lozhka, 2021] Lozhka, M.; "IT Outsourcing Advantages and Disadvantages" LANARS, 2021, consultado en diciembre 2021 en https://lanars.com/blog/it-outsourcing-advantages-and-disadvantages

[MJV Team, 2021] MJV Team, "IT Outsourcing: what is it and what are the main benefits for your company?" MJV, 12/06/2020, consultado en diciembre 2021 en https://www.mjvinnovation.com/blog/it-outsourcing-what-is-and-benefits/

[Scott, Hill, y Mingay, 2020] Scott, D.; Hill, J.; Mingay, S.; "Balancing Your Approach to IT Centralization, Decentralization and Federation" Gartner, ID G00728653, 26 August 2020.

[Weill & Ross, 2004] Weill, P.; y Ross, J. W.; "IT governance: how top performers manage IT decision rights for superior results", ISBN:781591392538, Harvard Business Press, 2004.

Capítulo 9

[Brooks, 1972] Brooks, F.P. "The Mythical Man Month: Essays on Software Engineering", Addison-Wesley Publishing Company, 1972.

[Chaudhari, 2016] Chaudhari, K.; "Importance of CMMI-DEV in COBITbased IT Governance"; COBIT Focus; 4 January 2016, consultado en diciembre 2021 en https://fdocuments.us/document/importance-of-cmmi-dev-in-cobit-based-it-governance.html

[Ford, 1922] Ford, H. in collaboration with Crowther, S., "My Life and Work" Doubleday, Page & Company, New York, 1922.

[Gefen y Zviran, 2006] Gefen, D.; Zviran, M.; "What can be Learned from CMMI Failures?"; Communications of the Association for Information Systems, Vol. 17,, 2006.

[Hammer, 1990] Hammer, Michael "Reengineering Work: Do not Automate, Obliterate" Harvard Business Review, Vol. 68, No. 4, 1990.

[Humphrey, 1988] Humphrey, W. S; "Characterizing the software process: a maturity framework". IEEE Software. 5 (2), March 1988.

[Kendall & Kendall, 2005] Kendall, K.E., y Kendall J.E. "Análisis y Diseño de Sistemas" Sexta Edición, Pearson Education, 2005.

[Lankhorst et al., 2009] Lankhorst, M., et al.; "Enterprise Architecture at Work", The Enterprise Engineering Series, ISBN: 978-3-642-01309-6, Springer-Verlag Berlin Heidelberg 2009.

[Laudon y Laudon, 2020] Laudon, K.C. y Laudon, J.P. "Management Information Systems: Managing the Digital Firm", ISBN: 978-0135191798, Pearson, 2019.

Capítulo 10

[Agutter, 2012] Aguter, C.; "ITIL ® Foundation Essentials The exam facts you need", ISBN: 978-1-84928-400-4, IT Governance Publishing, Cambridgeshire, UK, 2012.

[Anand, 2019] Anand, A.; "The Service Value Chain, and Service Value Streams", ITIL 4: Connecting key concepts – Part 4, Axelos, May 15, 2019, consultado en diciemrbe 2021 en https://www.axelos.com/resource-hub/blog/itil-4-connecting-key-concepts-part-4

[Axelos 2020] Axelos, "City of Pittsburgh: Using ITIL for better public service provision" Axelos, 2020, consultado en diciembre 2021 en https://www.axelos.com/resource-hub/case-study/pittsburgh-itil-better-public-service-provision

[Axelos, 2021] Axelos, "What is IT Service Management?", Axelos, 2021, consultado en diciembre 2021 en https://www.axelos.com/certifications/itil-service-management/what-is-it-service-management

[Gartner, 2021] Gartner, "IT Services", Information Technology Glossary, Gartner, 2021 consultado en diciembre 2021 en https://www.gartner.com/en/information-technology/glossary/it-services

[Gutierrez, 2018] Gutierrez, H., "Grupo Bimbo: Winning the ITIL Experience Award ITIL - Case Study" Axelos, 2018, consultado en diciembre 2021 en https://www.axelos.com/resource-hub/case-study/grupo-bimbo-winning-the-itil-experience-award

[Hertvik, 2019] Hertvik, J.; "What Is ITIL Service Delivery?"; Service Management Blog, September 6, 2019, BMC, 2019, consultado en diciembre 2021 en https://www.bmc.com/blogs/itil-service-delivery/

[Källgården, 2019] Källgården, O.; "Spotify: An ITIL® Case Study" Axelos, 2019, consulñtado en diciembre 2021 en https://www.axelos.com/resource-hub/case-study/spotify-itil-case-study

[Kempter, 2021] Kempter, S.; "Checklist SLA OLA", ITIL Process Map, 2021, consultado en diciembre 2021 en https://wiki.en.it-processmaps.com/index.php/Checklist_SLA_OLA

[Lankhorst, et al., 2009] M. Lankhorst et al., "Enterprise Architecture at Work", The Enterprise Engineering Series; ISBN: 978-3-642-01309-6, Springer-Verlag Berlin Heidelberg 2009.

[Surden, 1976] Surden E. "Privacy Laws May Usher In 'Defensive DP'"; Interview of Grace Murray Hopper, Computerworld, Volume 10, Number 4, January 26, 1976, Computerworld, Inc., Newton, Massachusetts, now published by IDG Enterprise, 1976.

Capítulo 11

[Dickinson, 2018] Dickinson, D., "'Fake news' challenges audiences to tell fact from fiction", UN News, May 2018 Consulted December 2020 in https://news.un.org/en/audio/2018/05/1008682

[Friedman, 2005] Friedman, T.L., "It's a Flat World, After All," New York Times Magazine, Apr 3, 2005, pp. 32-37, New York, 2005.

[History, 2020] History.com Editors "Arab Spring" published Jan 2018, consulted December 2020 in https://www.history.com/topics/middle-east/arab-spring

[Kahn & Dennis, 2020] Kahn, R., & Dennis M.A. "Internet Computer Network" Encyclopædia Britannica, Published June 2020, consulted December 2020 in https://www.britannica.com/technology/Internet

[Laudon & Traver, 2018] Laudon, K. C., & Traver, C. G. "E-commerce: Business, technology, society" 14th Edition, ISBN: 9781292251707, Pearson, 2018.

[Poe, 1836] Poe, E.A., "Maelzel's Chess-Player" Southern Literary Messenger, Abril 1836.

[Porter, 2001] Porter M.E, "Strategy and the Internet" Harvard Business Review. Mar 2001, Vol. 79, Issue 3, pp. 62-78.

Capítulo 12

[Alanís, 2020] Alanís, M., "La Transformación Digital del Gobierno: Misma Tecnología, Diferentes Reglas y Mucho Más en Juego", ISBN: 9798616079961, 2020.

[Cámara de Diputados del H. Congreso de la Unión, 2014] Cámara de Diputados del H. Congreso de la Unión, "Ley de Adquisiciones, Arrendamientos y Servicios del Sector Público". Nueva ley publicada en el Diario Oficial de la Federación el 4 de enero de 2000, última reforma publicada DOF 10-11-2014.

[Cámara de Diputados del H. Congreso de la Unión, 2019] Cámara de Diputados del H. Congreso de la Unión, "Constitución Política de los Estados Unidos Mexicanos" Última reforma publicada DOF 09-08-2019.

[Government of Canada 2018] Government of Canada, "The procurement process" consultado en mayo 2018 en https://buyandsell.gc.ca/for-businesses/selling-to-the-government-of-canada/the-procurement-process

[Smith, 1776] Smith A. "The Wealth of Nations" libro 4, capítulo 2, título original: "An Inquiry into the Nature and Causes of the Wealth of Nations" Londres, 1776.

Capítulo 13

[ACM, 2021] Association for Computing Machinery, "ACM Code of Ethics and Professional Conduct", ACM, 2021, consultado en diciembre 2021 en https://www.acm.org/code-of-ethics

[AIS, 2021] Association for Information Systems, "AIS Code of Ethics and Professional Conduct", AIS, 2021, consultado en diciemrbe 2021 en https://aisnet.org/page/MemberCodeOfConduct

[Andrews 1993] Andrews, P.; "Apple-Microsoft Lawsuit Fizzles To A Close -- `Nothing Left' To Fight About"; The Seattle Times; Jun 2, 1993; consultado en diciembre 2021 en https://archive.seattletimes.com/archive/?date=19930602&slug=1704430

[BBC Mundo, 2017] BBC Mundo, "Los escándalos y problemas que forzaron la renuncia de Travis Kalanick, el presidente y fundador de Uber", BBC Mundo, 21 junio 2017, consultado en diciembre de 2021 en https://www.bbc.com/mundo/noticias-40352038

[BBC Mundo, 2017-2] BBC Mundo, "La caída en desgracia de Harvey Weinstein, el poderoso productor de Hollywood acusado de acosar mujeres durante casi 30 años", BBC Mundo, 9 octubre 2017, Actualizado 10 octubre 2017, consultado en diciembre 2021 en https://www.bbc.com/mundo/noticias-41546441

[Cámara de Diputados del H. Congreso de la Unión, 2021] Cámara de Diputados del H. Congreso de la Unión, "Código Civil Federal" última Reforma, DOF, 11-01-2021, consultado en diciembre 2021 en http://www.diputados.gob.mx/LeyesBiblio/pdf/2_110121.pdf

[Carranza, Robbins, y Dalby, 2019] Carranza, C.; Robbins, S.; y Dalby, C.; "Major Odebrecht Corruption Cases and Investigations in 2019" Insight Crime, 20 de febrero, 2019, consultado en diciembre 2021 en https://insightcrime.org/news/analysis/major-latam-odebrecht-corruption-cases-investigations-2019/

[Coca Cola, 2021] The Coca Cola Company, "History", the coca cola company, 2021, consultado en diciembre 2021 en https://www.coca-colacompany.com/company/history

[DiarioTI, 1998] DiarioTI, "Como resultado de investigaciones iniciadas en México y Argentina por presunto cohecho, la compañía IBM ha adoptado nuevas políticas para hacer negocios en América Latina, informa InfoWorld Electric.", diarioTI.com, Julio 10 de 1998, consultado en diciembre 2021 en https://diarioti.com/ibm-alecciona-a-sus-subsidiarias-latinoamericanas/6086

[e-tam.com.mx, 2021] e-tam.com.mx "Derechos de Autor", e-tam.com.mx, 2021, consultado diciembre 2021 en: http://www.e-tam.com.mx/website/public/derechos_autor

[Gunn, 1906] Gunn, B.G., "The Instruction of Ptah-Hotep" in "The Instruction of Ptah-Hotep and the Instruction of Ke' Gemini: The Oldest Books in the World" John Murray, Albemarle Street, Editor, London, England, 1906, consultado en diciembre de 2021 en https://www.gutenberg.org/files/30508/30508-h/30508-h.htm

[IEEE, 2021] Institute of Electrical and Electronics Engineers, "IEEE Code of Ethics", IEEE, 2021, consultado en diciembre 2021 en https://www.ieee.org/about/at-a-glance.html

[IMCP, 2021] Instituto Mexicano de Contadores Públicos, "Código de ética profesional", IMCP, 2021, consultado en diciembre 2021 en http://imcp.org.mx/wp-content/uploads/2015/12/Codigo_de_Etica_Profesional_10a_ed1.pdf

[IMPI 2021] Instituto Mexicano de la Propiedad Industrial, Dirección Divisional de Patentes, "Guía del Usuario de Patentes y Modelos de Utilidad" Secretaría de Economía, 2021, consultado en diciembre 2021 en: https://sia.xoc.uam.mx/otc/documentos/guia_patentes_IMPI.pdf

[INDAUTOR, 2021] Instituto Nacional del Derecho de Autor "Registro Público del Derecho de Autor", Secretaría de Cultura, 2021. Consultado de diciembre   de   **2021**   en: https://www.indautor.gob.mx/documentos/informacion-general/Registro.pdf

[Laudon & Laudon, 2019] Laudon, K.C., y Laudon, J.P. "Management Information Systems: Managing the Digital Firm", 16th edition, Pearson Education, 2019.

[Markoff, 1989] Markoff, J.; "Xerox vs. Apple: Standard 'Dashboard' Is at Issue", The New York Times, Dec. 20, 1989, consultado diciembre 2021 en https://www.nytimes.com/1989/12/20/business/xerox-vs-apple-standard-dashboard-is-at-issue.html

[Matute Urdaneta, 2016] Matute Urdaneta, G.; "Escándalo Odebrecht: EE.UU. dice que 12 países recibieron sobornos", CNN Español, 22 Diciembre, 2016, consultado en diciembre 2021 en https://cnnespanol.cnn.com/2016/12/22/escandalo-odebrecht-ee-uu-dice-que-12-paises-recibieron-sobornos/

[Ortiz Moreno, 1998] Ortiz Moreno, H.; "Pagará IBM 37.5 mdd a la Procuraduría del DF" La Jornada, 22 de julio de 1998, consultado en diciembre 2021 en https://www.jornada.com.mx/1998/07/23/pagara.html

[USPTO, 2021] US Patent and Trademark Office, "General information concerning patents", USPTO, 2021, consultado en diciembre 2021 en https://www.uspto.gov/patents/basics/general-information-patents

[USPTO, 2021b] US Patent and Trademark Office, "Coronavirus Vaccine", USPTO, Pub. No.: US 2021/0379181 A1, Pub. Date: Dec, 9, 2021, consultado en diciembre 2021 en https://image-ppubs.uspto.gov/dirsearch-public/print/downloadPdf/20210379181

[Wiener-Bronner, 2019] Wiener-Bronner, D.; "McDonald's CEO Steve Easterbrook is out for 'consensual relationship with an employee'", CNN Business, November 4, 2019, consultado en diciembre 202 en https://edition.cnn.com/2019/11/03/business/mcdonalds-ceo-steve-easterbrook-steps-down/index.html

[WIPO, 2021] World Intellectual Property Organization, "Patents: Whay is a Patent?", WIPO, 2021, consultado en diciembre 2021 en https://www.wipo.int/patents/en/

[WIPO, 2021-b] World Intellectual Property Organization, "Copyrights", WIPO, 2021, consultado en diciembre 2021 en https://www.wipo.int/copyright/en/

213

Capítulo 14

[Belfort & Scorsese, 2013] Belfort, J. (escritor) Scorsese, M., (apaptación cinematográfica) "The Wolf of Wall Street", Paramount Pictures, 2013.

[Bosworth, 1994] Bosworth, M.; "Solution Selling: Creating Buyers in Difficult Selling Markets"; ISBN: 978-0786303151; McGraw-Hill Companies; 1994.

[Budjac, 2017] Budjac, B. A.; "Conflict Management: A Practical Guide to Developing Negotiation Strategies"; ISBN: 978-9332543195; Pearson, 2017.

[Horowitz, 2021] Horowitz, L., "Sales Pipeline", TechTarget, octubre 2021, consultado diciembre 2021 en: https://searchcustomerexperience.techtarget.com/definition/sales-pipeline

[Lewiki, Barry y Saunders, 2011] Lewiki, R. J., Barry, B. y Saunders, D.M., "Essentials of Negotiation"; Sixth Edition, ISBN:978-0-07-7862466, McGraw-Hill, New York, NY, 2011

[Rowe, 2001] Rowe, M., "The $2 Bargaining Simulation", Negotiation and conflict management course, MIT, Spring 2001, consultado en diciembre 2021 en https://ocw.mit.edu/courses/sloan-school-of-management/15-667-negotiation-and-conflict-management-spring-2001/lecture-notes/gen_instr.pdf

[Rowe, 2002] Rowe, M.P., "Negotiation: Theory and Practice", MIT, Cambridge, MA, consultado en diciembre 2021 en https://ocw.mit.edu/courses/sloan-school-of-management/15-667-negotiation-and-conflict-management-spring-2001/study-materials/negotiation101.pdf

Capítulo 15

[Burnett, 2012] Burnett, M., (Productor), "Shark Tank", Temporada 3, Episodio 12, transmitido en abril 13, 2012.

[Laudon y Laudon, 2020] Laudon, K.C. y Laudon, J.P. "Management Information Systems: Managing the Digital Firm", 16th edition, ISBN: 978-0135191798, Pearson, 2020.

[Nunno, Raskino, y Cox; 2021] Nunno, T.; Raskino, M.; y Cox, I; "Rules for Presenting Proposals to the Board of Directors for Transitioning Leaders"; Gartner; ID G00726339; Published 1 May 2020; Refreshed 23 August 2021.

[Turban, Volonino, y Wood, 2015] Turban, E.; Volonino, L.; Wood, G. R.; "Information technology for management: digital strategies for insight, action and sustainable performance"; ISBN: 9781118897782; John Wiley & Sons, Hoboken, NJ, 2015.

[Volker y Phillips, 2018] Volker, J.; y Phillips, M.; "Six Points: A Plan for Success"; Journal of Management Policy & Practice; Vol. 19 Issue 1; 2018.

Datos del Autor

Dr. Macedonio Alanís

alanis@tec.mx   maalanis@hotmail.com

El Dr. Macedonio Alanís es profesor titular de Sistemas de Información en el Departamento de Computación del Tecnológico de Monterrey. Imparte clases en formato presencial y a distancia en temas de Administración de Tecnologías, Transformación Digital, Comercio Electrónico y Gobierno Electrónico. Algunas de sus clases son transmitidas en vivo a 1000 alumnos en 9 países. Ha trabajado como profesor e investigador en universidades en México, Estados Unidos, Centro y Sudamérica. También ha participado como profesor en programas conjuntos del Tecnológico de Monterrey con Carnegie Mellon University y con Stanford University.

Se ha desempeñado como Gerente de Administración de Neoris, del grupo Cemex. Trabajó en la creación y administración de Global Software Factory, empresa que desarrolló sistemas de información en Europa, Sudamérica, Estados Unidos y México. Trabajó también para IBM, el Grupo Gentor, y el Centro Cultural ALFA.

En el sector público, el Dr. Alanís ha sido director de informática del Gobierno del Estado de Nuevo León, México. Fue presidente del Comité de Informática para la Administración Pública Estatal y Municipal. Trabajó en la definición de las Políticas Informáticas Mexicanas. Ha apoyado a la oficina de la Presidencia de Honduras en programas de informática educativa y a la Cámara Panameña de Tecnologías de Información y Comunicaciones en la reorientación de los programas académicos universitarios de tecnología en el país.

Cuenta con más de 120 publicaciones. Fue distinguido con el Eisenhower Fellowship, recibió el Premio a la Labor Docente e Investigación del Tecnológico de Monterrey y fue elegido para ocupar la America's Chair en el Consejo Directivo Mundial de la Association for Information Systems.

El Dr. Macedonio Alanís es Doctor en Administración de la Universidad de Minnesota. Obtuvo una maestría en Ciencias Computacionales de Brown University, y es Ingeniero en Sistemas Computacionales del Tecnológico de Monterrey.

www.ingramcontent.com/pod-product-compliance
Lightning Source LLC
LaVergne TN
LVHW051227050326
832903LV00028B/2274